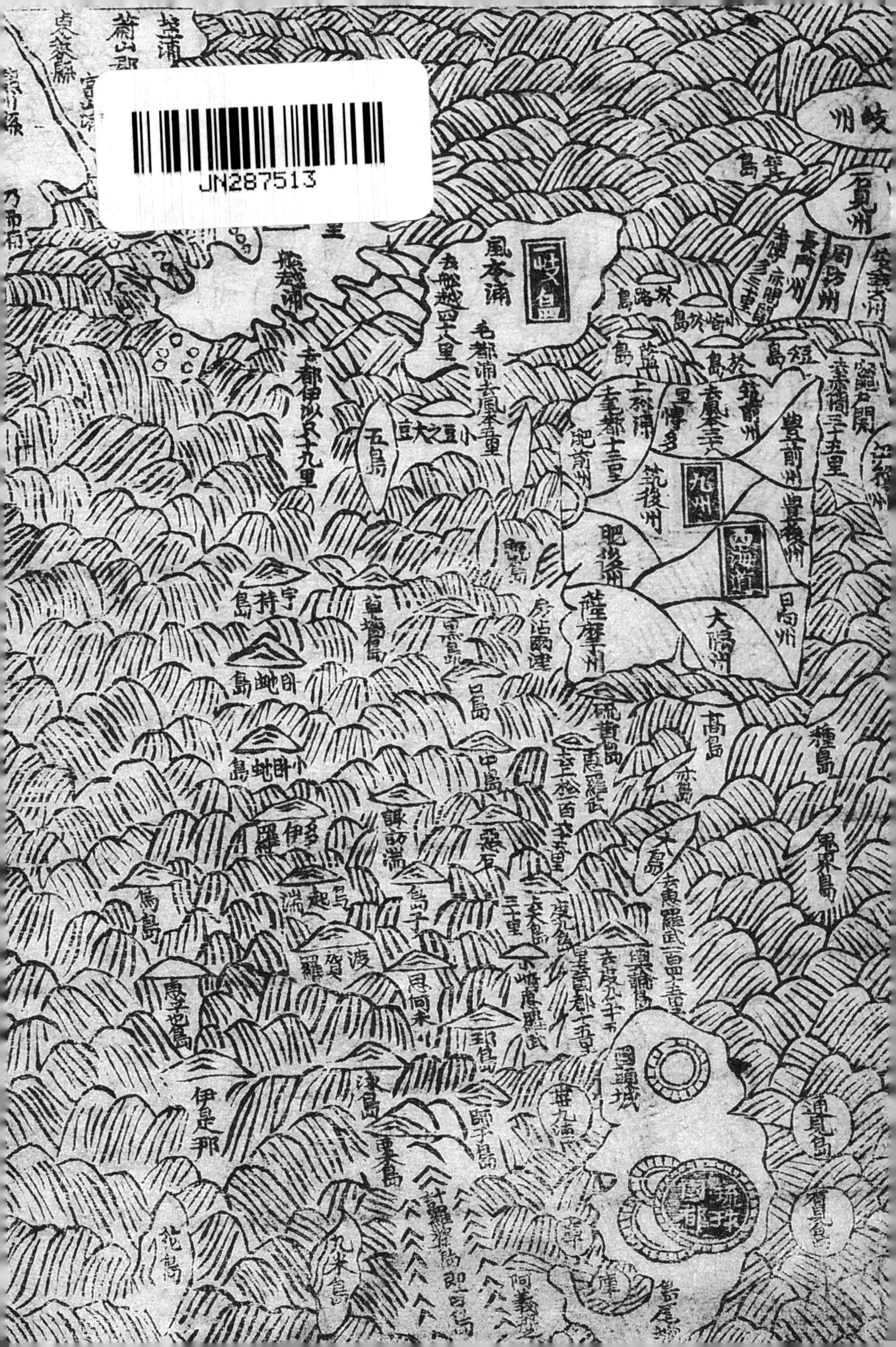

岐州
石見州
長門州
周防州
安芸州
一岐島
風本浦
五島
筑前州
豊前州
豊後州
筑後州
肥前州
肥後州
九州
西海道
薩摩州
大隅州
日向州
博多
種島
高島
赤島
大島
黒島
臥蛇島
小臥蛇島
中島
諏訪湍
國頭城
伊是那

監修者——五味文彦／佐藤信／高埜利彦／宮地正人／吉田伸之

［カバー表写真］
「対馬国絵図」
（部分，元禄13〈1700〉年）

［カバー裏写真］
対馬鰐浦《わにうら》からみえる釜山の夜景
（手前は海栗島《うにじま》）

［扉写真］
「海東諸国総図」（部分）
（『海東諸国紀』）

日本史リブレット 77

# 対馬と海峡の中世史

*Saeki Koji*
佐伯弘次

目次

## 中世の対馬と海峡

長崎県対馬《つしま》は、島の北端から朝鮮半島まで四九・五キロしかない。対馬の中心地厳原《いづはら》から壱岐《いき》の郷ノ浦《ごうのうら》まで海路で七三キロ、博多までは一四七キロもある。朝鮮半島のほうが圧倒的に近いのである。よく晴れた日には、北端の高台から韓国の巨済島《きょさいコジェ》や釜山《ふざんプサン》が遠望できる。夜には、釜山の夜景がくっきりとみえるときもある（カバー裏写真参照）。この朝鮮半島との距離の近さが長く対馬の歴史を規定してきた。

南北に細長い対馬の両側には二つの海峡がある。一つは韓国との国境がある朝鮮海峡（対馬海峡西水道《にしすいどう》）である。もう一つは、隣島壱岐や九州本土とのあいだにある対馬海峡（対馬海峡東水道《ひがしすいどう》）である。黒潮の支流である対馬暖流が流れ

●対馬海峡周辺図

N
慶尚南道
塩浦
薺浦
釜山
全羅南道
朝鮮海峡（西水道）
対馬
巨済島
孤草島
（巨文島）
対馬海峡
東水道
壱岐
博多
済州島

●対馬

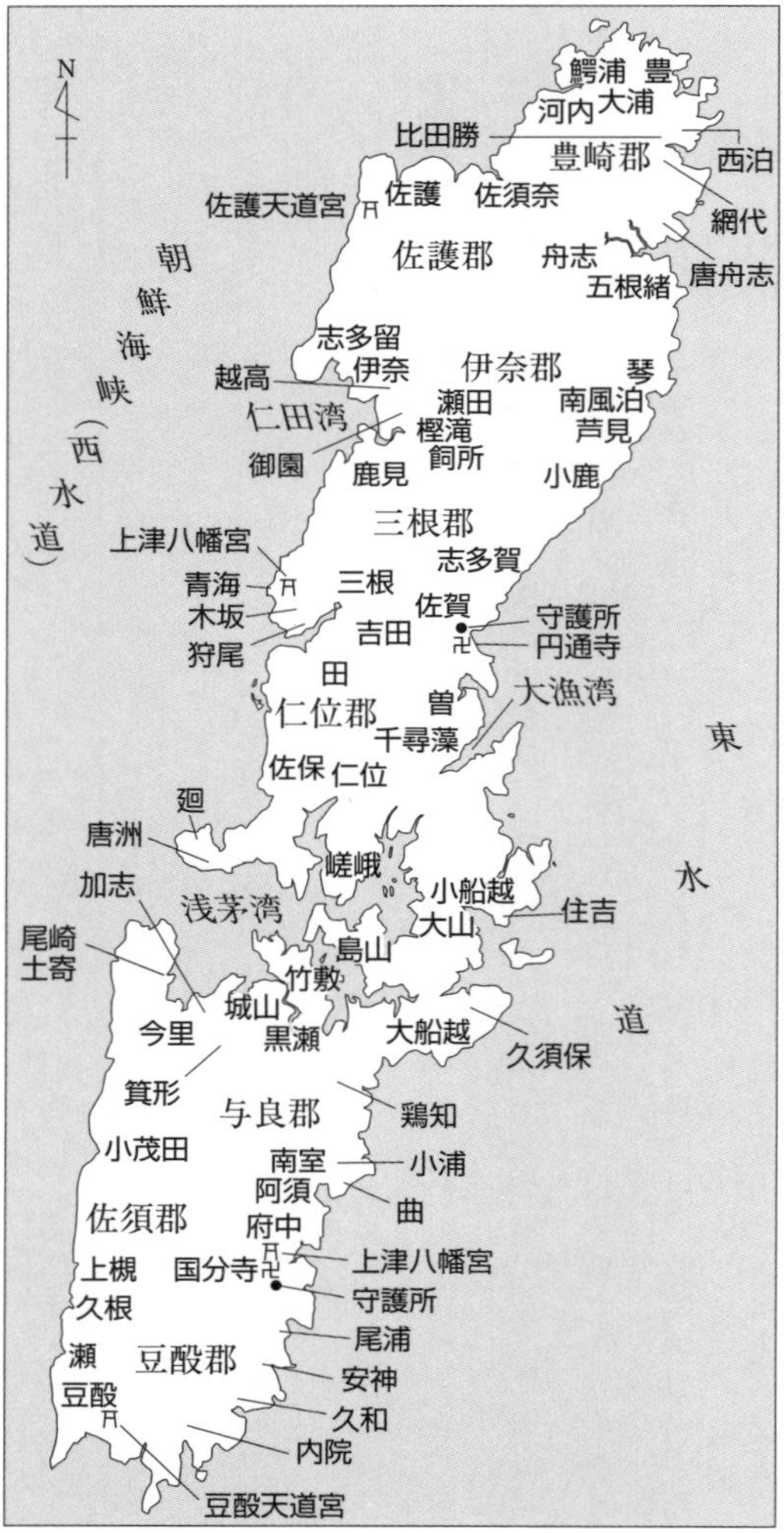
N
鰐浦
豊
河内
大浦
比田勝
豊崎郡
西泊
佐護天道宮
佐護
佐須奈
網代
朝鮮海峡（西水道）
佐護郡
舟志
唐舟志
五根緒
志多留
伊奈
伊奈郡
琴
越高
瀬田
南風泊
仁田湾
樫滝
芦見
御園
飼所
鹿見
小鹿
三根郡
上津八幡宮
志多賀
青海
三根
木坂
佐賀
守護所
吉田
円通寺
狩尾
田
曽
大漁湾
仁位郡
千尋藻
東水道
佐保
仁位
廻
唐洲
嵯峨
加志
小船越
住吉
浅茅湾
大山
尾崎
土寄
島山
竹敷
城山
今里
黒瀬
大船越
久須保
箕形
与良郡
鶏知
小茂田
南室
小浦
阿須
曲
佐須郡
府中
上津八幡宮
上槻
国分寺
守護所
久根
尾浦
瀬
豆酘郡
安神
豆酘
久和
内院
豆酘天道宮

●──韓国・都豆音串(都屯串)

●──韓国・巨済島知世浦

●──韓国・巨文島

ており、潮の流れが速い。日本をめざしたモンゴルや高麗《こうらい》の使者が、「風濤険《ふうとうけん》阻《そ》▲」と称した海峡でもある。

本書では、朝鮮半島と九州のあいだにある対馬の歴史性についてみていきたい。対馬周辺が日本の境界地域であったことは対馬の歴史的な位置を際立たせることになった。日本中世の古地図には、対馬を国境の外に描いたものさえある。とくに朝鮮半島との関係が活発であった時代には、対馬の位置も重要度を増したのである。それは今日でも変わらない。

韓国の釜山から高速船で博多に向かうとき、右手に細長い対馬の島影がみえる。その矢のような形は壱岐や九州をさしているかのようだ。対馬の島影をみた古《いにしえ》の航海者たちはおそらく安堵したことであろう。対馬に近づくと、まず島の山々がみえてくる。港に着いても、上陸してもその景観は変わらず、山また山である。島の実に八九％が山であり、耕地は三％しかない。まわりは海、陸の大部分は山という、まさに「海・山のあいだ」の世界である。そこに生きる人びとは、この海と山の恵みによって生活を営んできた。中世対馬の人びとと海や山の関係の具体相についてもみていきたい。

▼**風濤険阻**　風や波が激しいこと。一二六七年一月、フビライの命によって巨済島から日本に向かおうとしたモンゴル・高麗の使者は、「大洋万里、風濤天を蹴る」として引き返した。

●——対馬の山々

日本の中世という時代は、十一世紀から十六世紀までという考え方が一般的になってきた。平安《へいあん》時代末の院政《いんせい》の時代から戦国時代までである。本書では、中世全体をとおしてではなく、対馬の歴史的な特性が大きくでてくる十五世紀から十六世紀を中心にみていくことにする。

# ①—応永の外寇から平和通交の時代へ

## 応永の外寇

日本国内では、南北朝《なんぼくちょう》時代のさなか、観応《かんのう》の擾乱《じょうらん》▲という錯綜した政治状況が起こっていた。一三五〇(観応元・正平《しょうへい》五)年、倭寇《わこう》が朝鮮半島や中国を活発に襲撃するようになった。その開始の年の干支にちなんで、「庚寅《こういん》以来の倭寇」とも呼ばれた。このいわゆる前期倭寇の時代の終りを象徴する事件が、一四一九(応永《おうえい》二十六)年の応永の外寇《がいこう》である。朝鮮では「己亥東征《きがいとうせい》」と呼んでいる。

この年の五月、倭寇の一団が朝鮮半島の忠清道庇仁県都豆音串《ちゅうせいどうひじんけんととおんかん》《チュンチョンドビインドドウムゴッ》▲などを襲い、明《みん》に向かった。朝鮮政府は、そのすきに乗じて倭寇の根拠地の一つ、対馬《つしま》を攻撃することにした。六月十九日、李従茂《りじゅうも》《イジョンム》▲率いる二二七隻・一万七二八五人の大軍が巨済《きょさい》《コジェ》島を出発し、対馬に向かった。翌日、対馬に先発隊が到着した。朝鮮軍は浅茅湾《あそうわん》▲にはいり、土寄崎《つちよりさき》▲に停泊し、上陸を開始する。朝鮮軍は島内で大小一二九の船を奪い、大半を焼却した。さらに民家一九三九戸を焼き、一一四の首級をえ、二一人を生けどり、田畑の作物を刈った。また、倭寇に捕え

▼**観応の擾乱**　観応年間(一三五〇～五二)に起こった室町幕府内部の抗争。将軍足利尊氏《たかうじ》・執事《しつじ》高《こうの》師直《もろなお》と弟の直義《ただよし》が対立し、諸大名が二派に分かれて争った。一三五二(文和《ぶんな》元・正平七)年の直義暗殺によってほぼ終結した。

▼**都豆音串**　韓国忠清南道舒川郡にある地名。都屯串《とどんかん》とも記す。串は岬を意味する。一四一九年五月、倭寇がここを襲い、これが応永の外寇の発端になった。

▼**李従茂**　高麗末・朝鮮王朝初期の武官。高麗末期から倭寇討伐で活躍した。己亥東征のとき、三《さん》軍《ぐん》都《と》体察使《たいさつし》として大軍を率い、対馬を攻撃した。

▼**浅茅湾**　対馬島の上島《かみしま》と下島《しもしま》のあいだの湾。典型的なリアス式海岸で、海民や倭寇たちの活動の場であった。

▼**土寄崎**　対馬市美津島町尾崎にある岬。浅茅湾の入口に近い。

土寄は豪族早田氏の根拠地であり、応永の外寇などの舞台となった。

▼**被虜人**　倭寇によって日本につれてこられた高麗・朝鮮人や明人。日本国内では労働力として売買され、琉球《りゅうきゅう》までも転売された。その送還が初期の日明関係や日朝関係の重要な課題となった。

▼**宗貞盛**　室町時代の対馬島主。貞茂の子で、幼名は都々熊丸。島内支配権の確立につとめ、対馬島主文引の制や癸亥約条などを結び、朝鮮との外交関係を整備した。

▼**太宗**　朝鮮王朝の第三代国王。太祖《たいそ》李成桂《りせいけい》の王子。開国の功臣や兄弟たちを排除して、一四〇〇年即位し、王権の強化をはかる。一四一八年、軍事などの実権を握ったまま子の世宗に譲位した。

▼**時応界都**　対馬の人。辛戒道とも記されるが、どのように読むかは不明。

られていた中国(明)人一四六人と朝鮮人八人を救助した。明の被虜人《ひりょじん》▲の多さが注目される。

朝鮮の軍勢は仁位《にい》郡に進み、三軍に分かれて上陸したが、対馬の伏兵にあって苦戦した。島主宗貞盛《そうさだもり》▲が撤兵と修好を請い、「七月のあいだはつねに風変(台風のことか)があり、久しく対馬にとどまるのはよくない」という書を送ってきたので、七月三日、李従茂は兵を引き、巨済島に帰着した。こうして応永の外寇は終り、その善後策が日本・朝鮮双方で講じられ、朝鮮半島を襲う倭寇も、この外寇の後は姿を消していく。

応永の外寇の直後、朝鮮と対馬とのあいだで問題となったのは対馬の帰属問題である。朝鮮側には、己亥東征時の前王太宗《たいそう》▲の宣戦布告文以来、「対馬島は慶尚道《けいしょうどう》《キョンサンド》に属する、朝鮮領内の土地である」という認識が生じていた。一四二〇(応永二十七)年閏正月、宗貞盛は「時応界都」▲という者を使者として朝鮮に派遣し、対馬島を朝鮮の境内州郡《きょうないしゅうぐん》の例によって州名にし、印鑑を下賜されるように要請した。朝鮮はこれを許し、対馬島は慶尚道に属することにし、「宗氏都々熊丸《つっくまる》」という印を貞盛にあたえた。これによって対馬は朝鮮に属したかにみえた。

しかし、翌一四二一(応永二十八)年四月、宗貞盛の使者仇里安▲が訪朝するにおよんで、真相が明らかになった。朝鮮の礼曹《れいそう》が、さきに使者辛戒道(時応界都)が「対馬島は慶尚道に属する」と述べたことを仇里安に確認すると、仇里安は「対馬が慶尚道に属するということは自分の知るところではない。辛戒道がどうして一人知るだろうか。これは妄言である。……対馬島は日本の辺境であり、対馬島を攻めることは日本国を攻めることである」と答えた。こうして、対馬島の慶尚道への帰属は時応界都の造言ということが判明したが、その後も朝鮮には、対馬は慶尚道に属する朝鮮領の島であるという認識が長く存在し、それは一部で現代にも継承されている。

## 拘留された人びと

応永の外寇が対馬に残したもう一つの問題は、拘留《こうりゅう》された対馬島人の問題である。応永の外寇に先立ち、一四一九(応永二十六)年六月四日、慶尚道各浦に滞在している日本人や貿易を行う日本人は、九州探題渋川氏《たんだいしぶかわし》▲の使者のほかは、

▼**仇里安**　対馬の人。一四二一(応永二十八)年四月、宗貞盛の使者として朝鮮にいき、時応界都が交渉した対馬の朝鮮への帰属を否定した。

▼**九州探題渋川氏**　九州探題は博多におかれた室町幕府の九州統治機関。足利氏一門の渋川満頼《みつより》が一三九六(応永三)年に任命された。探題としての勢力は弱く、朝鮮貿易を活発に行った。子の義俊の代に少弐《しょうに》氏によって肥前に追われた。

▼**早田左衛門太郎**　対馬の豪族《ごうぞく》で倭寇の有力者。船越や尾崎を根拠地とした。朝鮮王朝初期に朝鮮に帰化したが、のちに対馬に帰り、活発な朝鮮貿易や外交を行った。

▼**渋川道鎮**　実名は満頼。足利氏一門で、一三九六(応永三)年、今川了俊《いまがわりょうしゅん》の後任として九州探題となり、博多に下向した。筑前守《しゅ》護《ご》少弐氏と対立した。一族や家臣とともに活発に朝鮮貿易を展開し

五九一人が朝鮮政府に捕えられ、各地に分置された。

　応永の外寇が終結すると、朝鮮が拘留した日本人の返還交渉が始まる。一四二〇(応永二十七)年五月十一日、対馬の早田左衛門太郎《そうださえもんたろう》▲は使者を朝鮮に送り、前年奪われた船と拘留されている左衛門三郎《さえもんさぶろう》らの返還を求めた。同じころ、前九州探題渋川道鎮《どうちん》▲や肥前《ひぜん》の牧源省《まきげんせい》も使者を派遣し、朝鮮に抑留されている日本人の送還を要請した。その後も、九州探題渋川義俊《よしとし》▲や対馬の早田左衛門太郎らが対馬島拘留人の送還を要請したが、なかなか進展しなかった。しかし、対馬宗氏と朝鮮との修好も徐々に進み、一四二四(応永三十一)年六月ごろには、対馬島拘留人が返還された。これ以後、事態は急速に進み、同年七月、宗貞盛は拘留人三一人の送還を請い、許されている。

　一四二五(応永三十二)年、日本国王使▲が朝鮮に派遣され、拘留人の送還交渉を行った。副使の梵齢《ぼんれい》は朝鮮の礼曹に次のような要請をした。「摂津国《せっつのくに》兵庫の人四郎三郎は許されて日本に帰ってきたが、その夫人佐伊馬都と子伊治毛時がまだ帰国していない。四郎三郎は今二人を迎えに乃而浦《ないじほ》《ネイポ》▲に来ているので、二人を恩赦してほしい」、「対馬の舟越《ふなこし》▲の人弥耶次郎の母は八〇歳を超えている。た

た。

▼**渋川義俊**　満頼の子。一四一九(応永二十六)年ごろ九州探題となる。応永の外寇後、外寇時に拘留された日本人の送還交渉や活発な朝鮮貿易を行う。一四二五(応永三十二)年肥前に没落。

▼**日本国王使**　将軍足利氏の使者。朝鮮からとくに優遇された。足利義満《よしみつ》が一四〇四(応永十一)年に派遣して以来、たびたび派遣された。物品の入手目的が多かった。十六世紀には宗氏による偽使が一般化する。

▼**乃而浦**　三浦の一つ薺浦のこと。「乃而」「薺」いずれもナズナを意味する。一四ページ「薺浦」の注参照。

▼**舟越**　船越。現対馬市美津島町小船越。対馬東海岸の要港で深い湾をもち、切通しをへて浅茅湾にも通じる。早田氏の根拠地であり、宗経茂の菩提寺梅林寺《ばいりんじ》がある。

った一人の子が久しく朝鮮に抑留され正気を失ったようになっているので、弥耶次郎を返してもらいたい」、「対馬の人左衛門三郎は、壬寅《じんいん》(一四二二＝応永二十九)年に帰されたが、その子馬多承はまだ帰国していない。母親が子にあいたいと切に願っているので帰してもらいたい」。その願いは通じ、四人の帰国が認められた。対馬以外にも、九州本土や兵庫など、日本各地の人びとが朝鮮に渡り、慶尚道の各浦に滞在中、偶発的に起こった事件によって拘留されていたのである。彼らの渡海のおもな目的は貿易と考えられるが、当時の日朝両国における交流の広がりをよく示している。

また、日本国王使の中兌《ちゅうたい》は、朝鮮に拘留されている対馬・博多・肥前の人びとの送還を要請し、一四人の送還が認められた。しかし、すべては送還されなかったらしく、その後も日本人の送還交渉が続いている。

中兌の要請によって送還された一四人のなかに、女性や子供も含まれている点は注目される。対馬島人の出身地は舟越、西泊《にしどまり》、志高《したか》(峰《みね》町志多賀《したか》)、坂《さか》(峰町佐賀《さか》▲)、土依《つちより》(美津島《みつしま》町尾崎《おさき》の土寄)、伽羅州《からす》(豊玉《とよたま》町唐洲《からす》)の六浦である。前の四浦は対馬東海岸の重要な港湾であり、あとの二浦は浅茅湾西部にある浦である。

●──対馬・西泊

▼**佐賀**　現対馬市峰町佐賀。対馬東海岸の要港。室町時代に宗氏の守護所《しゅごしょ》がおかれ、対馬の中心地となる。宗氏はここに文引を発行する役人をおいたため、朝鮮に渡海する船はここに寄港した。

●—対馬・土寄崎

こうした浦々の民衆や僧侶たちが、女性も含めて朝鮮に渡海し貿易などを行っていたのである。これらは興利倭人《こうりわじん》▲と呼ばれた貿易人に連なる人びとであろう。

ここで、このとき送還された西泊の慶珣首座《けいじゅんしゅそ》という僧侶に注目しよう。一四二〇年、朝鮮使節宋希璟《そうきけい》《ソンヒギョン》▲が対馬に到着したとき、西泊の空寺《からでら》(住職のいない寺)について、現地の人が「この寺の僧は去(一四一九)年朝鮮にいき、虜となって帰ってこない」と述べたと記している。この朝鮮にいき、捕虜となった僧こそ、慶珣首座であろう。

西泊の西福寺《さいふくじ》には現在、元《げん》の普寧寺《ふねいじ》版大般若経《だいはんにゃきょう》が伝えられている。この経典は高麗《こうらい》の人が普寧寺に注文・印刷させたものであった。この西福寺の経典の施入記には住持慶珣の名前がみえている。この経典を西福寺に安置した住持慶珣が、さきの慶珣首座と同一人物であることはまちがいない。西福寺住持慶珣もなんらかの目的で朝鮮に渡海し、たまたま拘留されたのである。

この西泊では、回礼使《かいれいし》宋希璟一行が上陸し、一つの尼寺を訪れた。尼は一行のなかの通訳とは知り合いであった。尼は通訳に「なんのためにやって来たのか」と問う。通訳が「回礼のためである」と答えると、尼は喜び、「それなら平和

▼**興利倭人**　貿易のため朝鮮に渡海した日本人。対馬島人が主体。その船は興利(倭)船といわれた。当初は渡航する港は自由であったが、のちに三浦に限定された。

▼**宋希璟**　朝鮮王朝の文官。老《ろう》松堂《しょうどう》と号した。一四二〇(応永二十七)年、回礼使として日本に派遣され、京都を訪問し、紀行詩文集『老松堂日本行録《にほんこうろく》』を著わす。

のための使いですね。私も生き延びることができる」と述べた。応永の外寇は対馬の人びとにも影を落としていたのである。

## 通交の制限から条約締結へ

応永の外寇後、世宗《せいそう》▲の時代に日本と朝鮮は平和通交の時代を迎える。朝鮮は初め、倭寇を懐柔するため、倭寇に対してさまざまな優遇政策をとった。その結果、倭寇は平和な通交者に変質していった。しかし、朝鮮にとっては莫大な費用がかかることになり、財政を圧迫するようになったので、朝鮮は日本からの通交者を制限することにした。

倭寇たちのなかには優遇政策の結果、朝鮮に帰化する者もいた。こうした日本人を向化倭《こうかわ》▲（投化倭《とうかわ》）と呼んでいる。向化倭のなかには、名目的な官職をあたえられて優遇された者もいた。これを受職人《じゅしょくにん》▲と呼んでいる。当初、受職人のほとんどは向化倭であったが、のちに日本に住んでいる者にも官職があたえられるようになった。日本に住む受職人は、年一回、あたえられた官服を着て朝鮮に赴くと接待され、その機会に貿易することもできた。受職人になることは

▼**世宗**　朝鮮王朝第四代の国王。在位一四一八～五〇年。集賢殿《しゅうけんでん》の設置による有能な人材の登用や領域の拡大、『治平要覧《ちへいようらん》』などの編纂、「訓民正音《くんみんせいおん》」の公布など、多くの面で功績をあげ、「海東《かいとう》の堯舜《ぎょうしゅん》」と称された。

▼**向化倭**　朝鮮に帰化した日本人。投化倭。倭寇対策によって朝鮮に投降・帰化した日本人は、田地・家財などを支給され、官職を授与されることもあった。

▼**受職人**　朝鮮王朝から官職をあたえられた人。医師など、向化倭のなかの特殊技能者に官職があたえられた。のちに日本国内居住の通交者にもあたえられ、朝鮮通交権をもつことになる。

▼**図書**　朝鮮王朝が給与した銅印。私印であったが、これを給与された日本人（受図書人）は、外交文書にこれを捺し、通交の証とした。

貿易権を獲得したことになる。

世宗の初年、日本人通交者に図書《としょ》▲という銅印をあたえ、通交者の書契《しょけい》▲に捺させて、正式な通交者の証拠とした。図書には、日本人通交者の名前がきざまれていた。近年、対馬宗氏のもとに保管されていた中世の図書が多数発見された。図書をあたえられた日本人は受図書人《じゅとしょにん》と呼ばれた。受図書人は本来、使船《しせん》を朝鮮に派遣することが認められたのであるが、これも貿易権を獲得したことになった。

また朝鮮は、朝鮮へ渡航する認可証明書を対馬島主宗氏に発給させた。この証明書を文引《ぶんいん》▲と呼んでいる。日本国王などの有力者を除き、朝鮮に通交する日本人は、宗氏の文引が必要となった。この制度が確立するのは、一四三八年とされている。のちになると日本国王使も宗氏の文引を必要とするようになった。こうして日朝関係における宗氏の重要性が増すのである。後年、宗氏が室町《むろまち》将軍の印鑑である「徳有隣《とくゆうりん》」の印を作成することができたのも、こうした宗氏の地位があったから可能となったと思われる。

また朝鮮は、日本からの貿易船の渡航数もしだいに制限し、年間の渡航船数

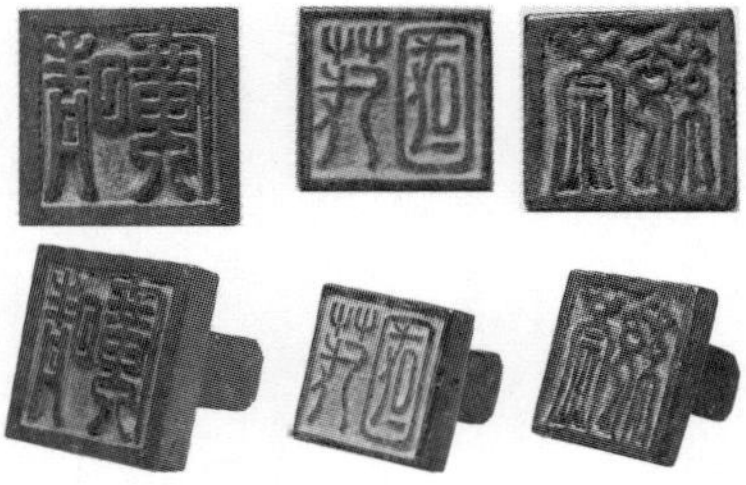

●—発見された図書

▼**書契**　私的文書である書簡の一種。朝鮮と日本との外交文書に多く用いられた。世宗初年には、九州探題や対馬島主が発行する書契によって、日本人の通交を統制しようとした。

▼**文引**　朝鮮に渡航する際の証明書。路引《ろいん》。太宗期には各地の有力者が発行したが、一四三五(永享七)年ごろから対馬宗氏が発行する文引が朝鮮渡航者に義務づけられた。

を取決めによって限定するようになった。毎年、朝鮮に派遣できるこの貿易船を歳遣船《さいけんせん》と呼ぶが、この歳遣船の定約が中世の日朝貿易の基本となっていくのである。歳遣船を許された者を歳遣船定約者という。

朝鮮はこのほか、日本からの渡航船が入港する港も制限するようになった。初めは、富山浦《ふざんほ》《ブサンポ》▲(釜山《ふざん》《ブサン》)と薺浦《せいほ》《チェポ》▲の二港に限定したが、のちに塩浦《えんぽ》《ヨンポ》▲を加えることになった。この三港は三浦《さんぽ》と呼ばれ、日本との貿易港となった。三浦にはしだいに対馬をはじめとする日本人が居住するようになり、多いときには三〇〇〇人余りの日本人が居住した。

一四四三(嘉吉《かきつ》三)年、対馬島主宗貞盛と朝鮮とのあいだで条約が結ばれた。これを嘉吉条約といい、朝鮮では癸亥約条《きがいやくじょう》▲と呼んでいる。全文は残っていないが、この条約で宗氏は、毎年五〇船の歳遣船を認められた。この当時、朝鮮への通交者は、歳遣船を一船から二船認められるのが一般的であった。宗氏の歳遣船の数がいかに多かったかがわかる。このほか宗氏は、特送船《とくそうせん》▲といって、特別の事情があるときに使船を派遣することも認められた。この特送船は歳遣船よりも手厚い応接がなされた。歳遣船・特送船のほかに、宗氏は、朝鮮から

▼**富山浦**　釜山浦。三浦の一つ。多いときには五〇〇人近い日本人が居住した。壬申《じんしん》約条によって貿易港は薺浦のみに限定され、のちに釜山浦も追加され、一五四七(天文十六)年に釜山浦一港のみとなった。これが近世の釜山倭館《わかん》につながった。

▼**薺浦**　三浦の一つ。乃而浦ともいう。日本人がもっとも多く居住し、多いときで二五〇〇人の恒《こう》居倭《きょわ》がいた。壬申約条で、日本人の居住は禁止されたが、貿易港としては一五四七(天文十六)年まで存続した。倭館の跡が残っている。

▼**塩浦**　三浦の一つ。対馬から遠いこともあって、三浦のなかではもっとも恒居倭が少なく、一〇〇人余りの恒居倭がいた。壬申約条によって貿易港としては廃絶した。

▼**癸亥約条**　一四四三(嘉吉三)年に成立した朝鮮と対馬宗氏

毎年米・大豆計二〇〇石をあたえられる特権も認められた。宗氏はこうした朝鮮貿易上の特権を利用し、朝鮮通交権の一部を家臣《かしん》に給与したりしながら、島内での支配権の確立を行っていった。しかし、この年間五〇船も以前と比べると減少しており、その拡大が宗氏にとっての大きな課題となった。

## 対馬島漁民、孤草島へ出漁

対馬の漁民は、朝鮮の三浦周辺に出漁することを認められていた。対馬の有力者は、三浦海域だけでなく、孤草島《こそうとう》《コチョド》海域への出漁を朝鮮政府に願い出た。朝鮮側はなかなかこれを認めなかったが、一四四一(嘉吉元)年、孤草島釣魚禁《ちょうぎょきん》約《やく》▲が成立し、対馬漁船の孤草島への出漁が認められた。

孤草島は、現在の韓国全羅南道《ぜんらなんどう》《チョルラナムド》の南方海上にある巨文島《きょぶんとう》《コムンド》であるとされている。対馬から三〇〇キロ以上も西の海上にある。対馬の漁民は、まず島主宗氏の文引をもらい、朝鮮の巨済島知世浦《ちせほ》《チセポ》▲にいき、ここで島主文引と知世浦役人の文引を交換する。それから、はるか西海上の孤草島へいき、漁をする。漁が終ったら、知世浦へ戻り、役人の文引を返し、税として魚をおさめ、対馬に帰島

とのあいだの条約。嘉吉条約ともいう。対馬島主の歳遣船五〇船や毎年米・大豆計二〇〇石の島主への支給を認めた。

▼**特送船**　対馬島主歳遣船以外に宗氏が派遣することを許された使船。外交交渉以外に貿易も行った。公的には壬申約条で廃止されたが、その後も継続したものか。

▼**孤草島釣魚禁約**　対馬の漁民が朝鮮の孤草島(全羅南道巨文島に比定)付近で操業することが許された規約。一四四一(嘉吉元)年成立。公式には壬申約条で廃止されたが、その後も継続した。

▼**知世浦**　巨済島のなかの港。孤草島で漁業する対馬漁船は、島主文引をえてここにいたり、知世浦万戸の文引をえて孤草島に出漁。帰りにここで税魚をおさめた。

する。以上のような制度であった。対馬では、孤草島での釣魚は「おうせん」とか「おふせん」と呼ばれた。その関係文書が多数対馬に残っている。この朝鮮孤草島海域への出漁は、対馬島民のみに限られていたが、実際には壱岐《いき》の島民もこれに参加していたことが明らかとなっている。

## 『海東諸国紀』にみえる対馬の通交者

一四七一(文明《ぶんめい》三)年、朝鮮の申叔舟《しんしゅくしゅう》《シンスクチュ》▲によって編纂された『海東諸国紀《かいとうしょこくき》』▲は、十五世紀中・後期の日朝関係のあり方をよく示す史料である。この史料によると、対馬には八人の歳遣船定約者がいる。

その顔ぶれをみると、島主とその長子、伊奈《いな》郡主、佐護《さご》郡代官、文引発行担当者などなど、宗氏一族とその有力家臣に限られている。この八人という数は、肥前国の歳遣船定約者数一七人に比べると圧倒的に少ないが、定約船数を検討すると、肥前よりも多いことがわかる。肥前の定約者の定約船数は一船か一、二船がほとんどであるが、対馬の場合、島主宗貞国《さだくに》▲だけで五〇船を許されているのである。

▼**申叔舟**　朝鮮王朝の官人。世宗《せいそう》から成宗まで六代の国王に仕えた。一四四三(嘉吉三)年に書状官として来日。世祖代と成宗代に二回、領議政《りょうぎせい》(首相)となる。一四七一(文明三)年、『海東諸国紀』を編纂した。

▼**『海東諸国紀』**　一四七一(文明三)年、朝鮮の申叔舟が編纂した日本・琉球に関する書物。日本人通交者の記事や日本・琉球・三浦の地図、「朝聘応接紀《ちょうへいおうせつき》」などがあり、中世日朝関係史の基本史料。

▼**宗貞国**　十五世紀後半の対馬島主。宗盛国の子。朝鮮貿易の拡大をはかり、島内の支配権を確立した。応仁の乱では九州に出兵。その後、少弐氏と不和になり、大《おお》内《うち》氏と修交した。

『海東諸国紀』には、対馬の受職人は一七人記されている。朝鮮の倭寇懐柔策の一環として登場したのである。この対馬の受職人には個性的な人物が多い。船越の平氏《へいし》一族と土寄の平氏一族は同族で、早田を姓とした。この早田氏は、応永の外寇時に島主宗氏をしのぐ勢力を有していた倭寇首《わこうしゅ》早田左衛門太郎の一族である。また、仁位郡の多羅而羅（太郎次郎）、加志《かし》（美津島町加志）の井可文愁戒（井掃部助《いかもんのすけ》）▲、黒瀬《くろせ》の皮古仇羅（彦九郎）は、「賊首」やその子と記されている。倭寇の首領たちである。佐賀の阿馬豆は、壱岐からの移住者で、海賊首宮内四《くないし》郎《ろう》の子であった。朝鮮通交を有利にするため、日朝交渉上の要地となった対馬の佐賀に移住したのであろう。対馬の受職人の中心は、早田氏・井氏といった旧倭寇勢力であるといえよう。これは、さきの歳遣船定約者の構成と対照的である。壱岐の受職人も同様である。

これらの受職人のうち、井掃部助については国内史料が残っており、倭寇の有力者のあり方がわかる。一四七〇（文明二）年の宗貞国宛行状《あてがいじょう》によると、井掃部助はすでに宗貞国の被官《ひかん》となっていることがわかる。さらに、一二カ所の知《ち》行《ぎょう》地《ち》を宛行われているわけであるが、一五三三（天文《てんぶん》二）年の「井弥六左衛門《いやろくさえもんの》

▼**井掃部助**　対馬加志浦の領主。倭寇の頭目《とうもく》井太郎の子。一四六二（寛正《かんしょう》三）年に朝鮮の官職を給与され、受職人となる。一四六五（寛正六）年、図書を獲得し、受図書人となる。

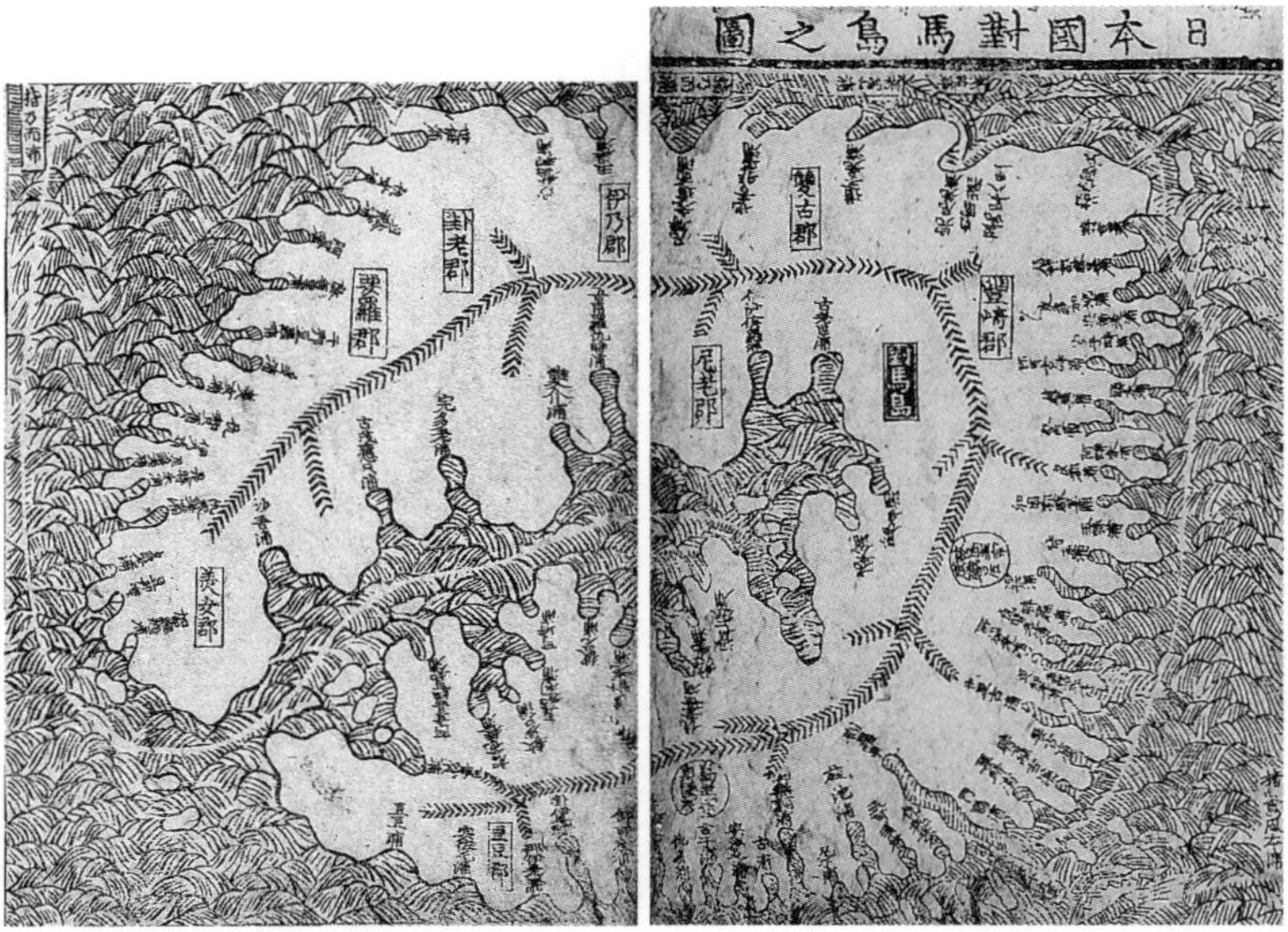


●──『海東諸国紀』対馬島図

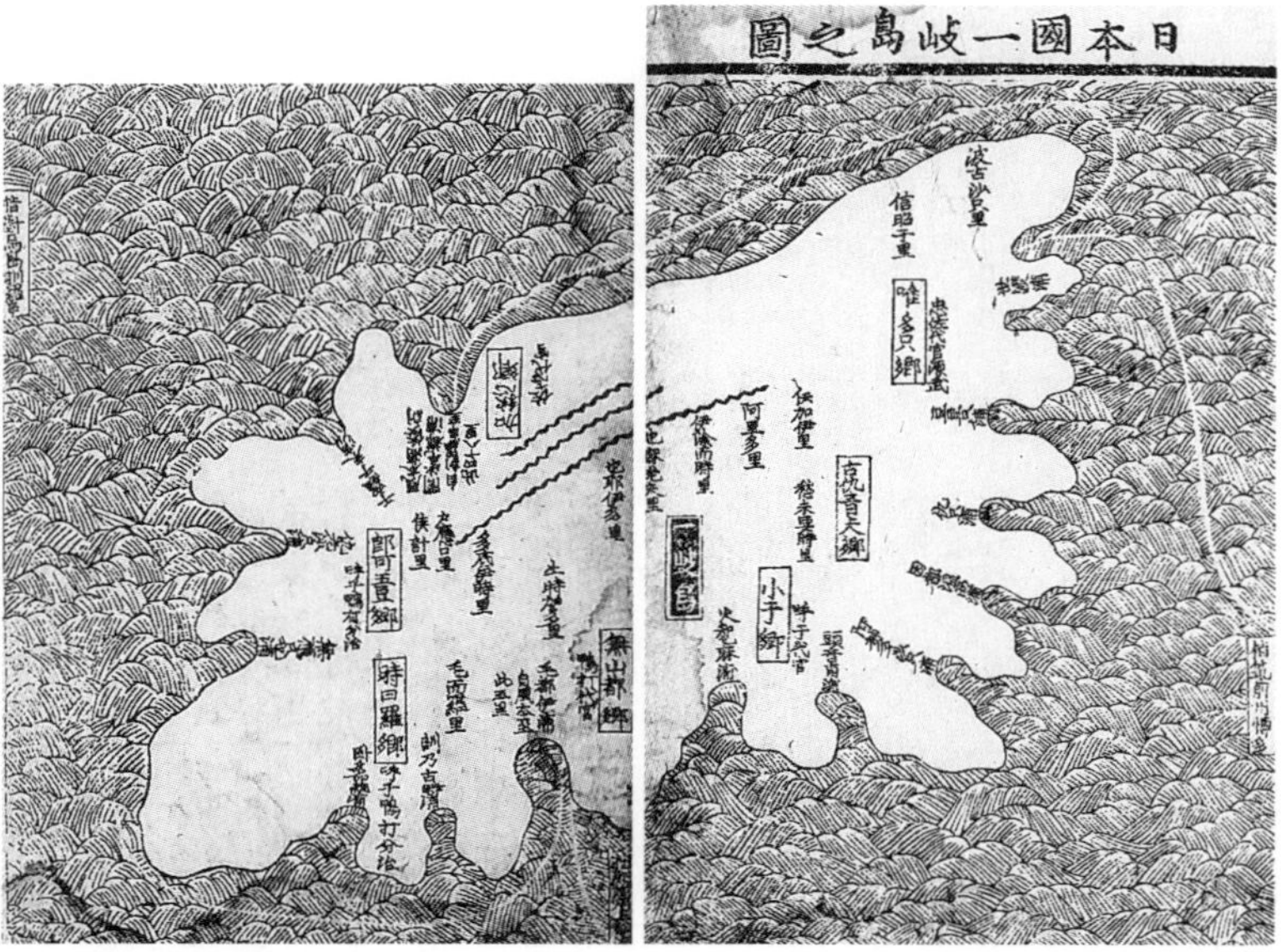


●──同，壱岐島図

尉坪付《じょうつぼつけ》」によると、井氏の知行地（一三カ所）は、田一カ所・畠八カ所・木庭《こば》▲四カ所からなり、いずれも散在的で小さな耕地片であると考えられる。島主から散在的な畠・焼畑を主体とする耕地片を宛行い、あるいは安堵《あんど》されるというのが、当時の旧倭寇勢力のあり方であった。したがって、彼らがもつ受職人としての朝鮮通交権は、彼らの領主《りょうしゅ》制の維持にとってきわめて重要であったと考えられる。

## 当国・高麗の諸公事

一三六九（正平二十四）年七月五日、宗氏惣領家《そうりょうけ》の宗経茂《つねしげ》▲が、高麗へ渡る大山《おやま》船二艘の公事《くじ》を免除した。大山は浅茅湾内にある浦で、塩屋《しおや》での製塩を行い、網による海豚《いるか》漁などを行う漁村であった。浅茅湾には海民が浦々に集住しており、そこの海民たちは朝鮮半島にも渡海していたのである。この文書にみえる大山宮内左衛門《おやまくないさえもん》の高麗渡りの大山船が倭寇船であったのか、交易船であったのかは明らかにしがたいが、当時、大山の住人が高麗に渡海しており、宗氏はそうした渡海船に対して、渡海料ともいうべき公事をかけていたのである。

▼**木庭**　焼畑のこと。山地が多い対馬では、盛んに焼畑が行われた。

▼**宗経茂**　南北朝時代の対馬島主で少弐氏の対馬守護代。少弐頼《より》尚《ひさ》の重臣として九州でも活躍。朝鮮との貿易を開始し、島内支配権の確立につとめた。法名は宗慶。

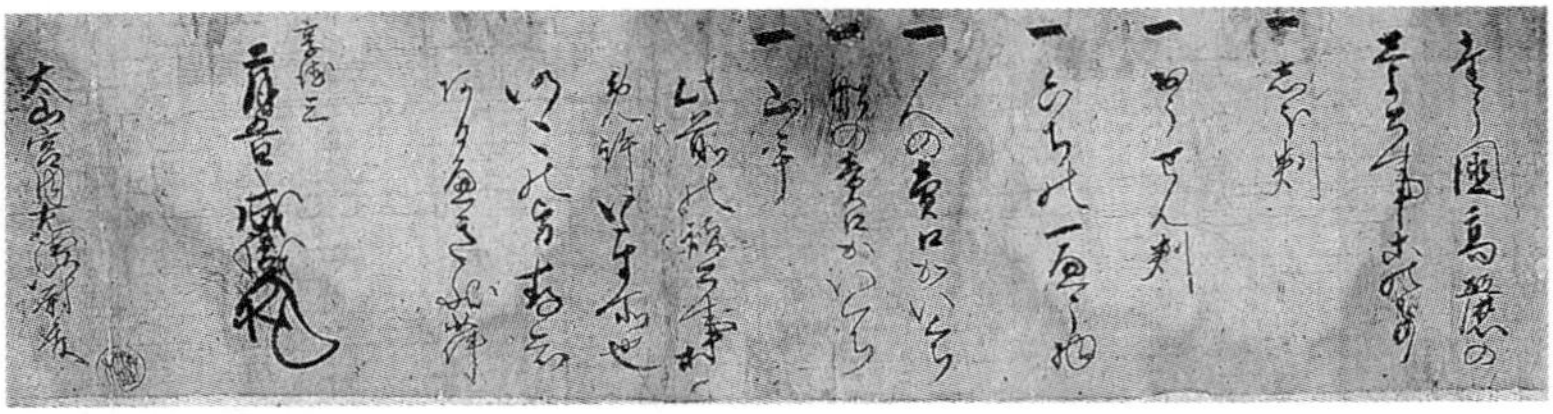

●――大山小田家文書(1454〈享徳3〉年)

一四五四(享徳《きょうとく》三)年二月の文書には、大山小田《おだ》氏に関係するさまざまな公事が登場する。

文書のタイトルの「当国・かうらいの諸公事」とは、対馬国と高麗(当時は朝鮮)における諸公事を意味する。この言葉は、大山氏と朝鮮半島、ひいては対馬と朝鮮半島の関わりを象徴している。

塩判《しおはん》とは、塩を朝鮮や本土に搬出することを許可する島主の証明書とも、朝鮮に渡航する商船の積む塩(商品)に対する課税とも解釈されている。中世の対馬には多くの塩屋・塩竈《しおがま》があり、製塩を盛んに行っていた。対馬で生産した塩は朝鮮や本土で販売されていたのである。

「おふせん判」の「おふせん」は、朝鮮語の「漁夫船」に由来する語とされ、朝鮮の孤草島における釣魚を意味している。対馬島主宗氏は、対馬から孤草島へ出漁する漁船に対して、「おふせん判」という税を賦課した。中世の「おふせん判」関係の史料は対馬に多数残っているが、黒瀬・竹浦《たけのうら》(竹敷《たけしき》)・大山・尾崎など、浅茅湾内の浦々に関するものも多い。浅茅湾は現在でも好漁場であるが、沿岸住民は、中世においては朝鮮半島沿岸にまで出漁していたのである。

「六地之一俵物《ろくちのいっぴょうもつ》」の「六地」は「陸地」「ろく地」とも書かれるが、元来は、古代に対馬へ米穀を送っていた筑前《ちくぜん》・筑後《ちくご》・豊前《ぶぜん》・豊後《ぶんご》・肥前・肥後《ひご》の六カ国を意味し、これが転じて九州本土を意味するようになったと考えられる。「六地之一俵物」とは、九州へ赴く商船への従量課税であると解釈されている。また、「人《ひと》の売口買口《うりくちかいくち》」は、人身売買に対する課税であり、「船の売口買口」とは、対馬在籍船の渡航権の売買に対する課税とも、船によって対馬島内沿岸で交易活動をすることに対する課税とも解釈されている。「山手《やまて》」とは、島内各浦に寄港する船舶が使用する薪・材木などに課した運上《うんじょう》とされている。

こうした諸公事については不明な点が多く、解釈も一定していないが、宗氏は多くの雑税を島内に課しており、その免除は給分《きゅうぶん》と同質化していた。課税の多様さと免税が知行と同質化することは、耕地が少なく、給与すべき知行地も知行地からの年貢も少ない対馬では当然のことであった。対馬(当国)と朝鮮半島(高麗)ならびに九州(六地)とを結ぶ対馬島民の広範な活動の様相を、このような多様な税(諸公事)のあり方からも知ることができる。

## 朝鮮使節のみた中世の対馬

朝鮮使節といえば、江戸時代に来日した朝鮮通信使《つうしんし》が思い起こされるが、実は室町時代においては、江戸時代にまさる使節の往来があった。日本を訪れた朝鮮の使節は、帰国後、交渉の内容や日本の情勢について国王に報告を行った。また、ある者は紀行文を残したり、漢詩文《かんしぶん》をよんだりしており、申叔舟のように日本の国内の情勢や通交者について記した書物を著わした者もいる。

『海東諸国紀』のなかで申叔舟は、当時の対馬について次のように記している。

郡は八郡ある。人家はみな、沿岸の浦にあり、およそ八二浦がある。島は南北三日ほど、東西はあるいは一日、あるいは半日ほどの行程である。四方みな石山ばかりで、土地はやせ、民は貧しく、煮塩《にしお》・捕魚《ほぎょ》・販売をして生活している。宗氏が代々島主である。その先祖は、宗慶《そうけい》（宗経茂）が死に、子の霊鑑《れいかん》が継いだ。霊鑑が死に、子の貞茂《さだしげ》▲が継いだ。貞茂が死に、子の貞盛が継いだ。貞盛が死に、子の成職《しげもと》▲が継いだ。成職が死ぬと跡継ぎがいなかった。丁亥《ていがい》（一四六七＝応仁元）年、島人は貞盛の弟盛国《もりくに》の子貞国《さだくに》を立て、島主とした。郡主▲以下の土官《どかん》は、みな島主が任命したもので、世襲である。

▼**貞茂**　対馬島主宗貞茂。庶流の仁位宗氏と対立したが、宗賀茂の乱に勝利して、惣領家の権力強化に成功した。島内の倭寇をおさえ、朝鮮との関係を良好にした。

▼**成職**　室町時代後期の対馬島主宗成職。宗貞盛の子。貞盛の朝鮮政策を継承し、朝鮮通交の拡大をはかる。継嗣がなく、従兄弟の貞国が島主を継いだ。

▼**郡主**　対馬の各郡の領域支配者。いずれも宗氏一族が任命されたが、仁位郡主のように独立性が高かった。一四七一（文明三）年には豊崎《とよさき》郡・豆酘《つつ》郡・伊奈《いな》郡・佐須《さす》郡・仁位郡の五郡におかれていた。

土田《どでん》、塩戸《えんこ》が分属され、三番に編成されて、七日ごとに交替で島主の家を守っている。郡主はおのおのその郡において、毎年、作物の作具合を実検して収税し、三分の一をとる。そしてそれを三分し、二を島主におさめ、一を自分で用いる。島主の牧馬場は四カ所あり、馬が二〇〇〇匹ばかりいる。馬の多くは背がまがっている。対馬の特産物は柑橘《かんきつ》・木楮《こうぞ》だけである。南北に高山があり、みな天神《てんじん》▲と名づけている。南は子神と称し、北は母神と称している。風俗は、神を敬い、家々では粗末な酒食をもってこれをまつっている。（天神の）山の草木や禽獣《きんじゅう》を人はけっしてとろうとしない。罪人が神をまつる御堂に走り入ったならば、けっして追いかけて捕えることはない。

この『海東諸国紀』の記事は、十五世紀後半の対馬の状況をよくあらわしている。さらに最後の箇所は中世のアジール▲の史料としても知られている。またこの書物は、対馬の浦ごとの戸数を記しているが、『朝鮮王朝実録』▲などと対照すると、かけ離れたものもあり、そのまま信じることはできない。

「四方みな石山ばかりで、土地はやせ、民は貧しく、煮塩・捕魚・販売をし

**▼天神**　対馬の伝統的信仰の対象である天童《てんどう》のこと。上県《かみあがた》町佐護や厳原町豆酘の信仰が著名。竜《たて》良山《らさん》には天童の墓といわれる石積みがあり、聖地となっている。

**▼アジール**　聖域、平和領域。日本では、中世の寺院が典型とされる。境内に逃げ込んだ犯罪者は追っ手の追及から逃れることができた。近世の縁切寺《えんきりでら》に継承された。

**▼『朝鮮王朝実録』**　朝鮮王朝が王の時代ごとに編纂した歴史書。太宗代の『太祖実録』の編纂が始まり。次王代に編纂された。朝鮮時代史や日朝関係史の基本史料。

て生活している」という対馬のイメージは、多くの朝鮮使節に共通していた。一四四三(嘉吉三)年に来日した康勧善《こうかんぜん》《カングォンソン》▲は「対馬・一岐《いき》・上松浦《かみまつら》などの地は人家も少なく、土地は狭く、またはなはだやせており、農業に従事せず、飢饉《ききん》をまぬがれない。ほしいままに海賊をなし、その心は奸暴《かんぼう》である。また対馬と一岐の両島は海賊の経由地となっている」と述べている。

一四八七(長享元《ちょうきょう》)年に対馬を訪れた鄭誠謹《ていせいきん》《チョンチョングン》▲も、「沿海の諸浦をみるに、あるいは数十余家、あるいは五〇余家が集まっている。島主の居すところの民家も二〇〇余戸にすぎない。土地はきわめてやせており、水田はなく、みな山田▲を耕作して食料としている。また、山林を伐ることを禁じ、耕作させない。葛《くず》根《ね》をとったり、海の魚をとって食している。人びとは多く飢えており、以前は朝鮮の辺境を襲い、生活の資としていたが、今は島主が厳しくこれを禁じている」と述べている。山ばかりで耕地は畑ぐらいしかなく、しかもやせているので、人びとは倭寇となって生活を維持しているというのが朝鮮使節の共通した認識であった。

朝鮮の使節たちは日本の風俗についても関心をもった。とくに食文化につい

▼**康勧善**　朝鮮王朝の官人。一四四三(嘉吉三)年、壱岐倭寇や被虜人の捜索のため、壱岐に派遣された。翌年帰国し、日本の情勢や海賊の動向について報告した。

▼**鄭誠謹**　朝鮮王朝の官人。一四八七(長享元)年、対馬島宣慰使《せんいし》として対馬に派遣され、詳しい報告を行った。一五〇四(永正元《えいしょう》)年の甲子士禍《かっししか》で死罪となる。

▼**山田**　山間にある畑。

▼金自貞　朝鮮王朝の官人。一四七六(文明八)年、対馬島宣慰使として対馬に派遣され、詳しい報告を残している。のち、同知中《どうちちゅう》枢府事《すうふじ》や礼曹参議《さんぎ》となる。

▼司直　朝鮮王朝の武官の官職。五衛《ごえい》の正五品官《しょうごひんかん》。

●——対馬・網代浦



ては大きな関心をもち、細かな報告をしている。「食事を設けても匙《さじ》がなく、ただ木の箸《はし》があるのみである。ひとたび用いればすぐにすてる」、「お寺にはいり、水を求めたところ、古い器をくれた。飲みおえるとすぐに破棄した。また、食事をするのに木器を用いる。食事が終ると必ず足で踏んで壊す」。使節たちは一様に、日本人が使用した食器をすぐに破棄することに驚いている。

また、朝鮮使節を迎える対馬の民衆についても観察をおこたらない。朝鮮使節がやってくると、いろいろな日本人が一行に近づいてくる。宋希璟が対馬西泊に滞在しているとき、日本の漁民が魚を売りにきた。宋希璟が舟中をみると、一人の僧がいた。この僧は、中国江南《こうなん》からつれてこられた被虜人であることがわかった。魚を売りにきた漁民は、「米を私にくだされば、この僧を売りましょう」と宋希璟に述べている。

一四七六(文明八)年に対馬を訪れた金自貞《きんじてい》《キムジャジョン》▲も西泊浦に滞在した。この噂を聞きつけて、朝鮮に通交したこともある源茂崎《みなもとのしげさき》が酒肴をもってやってきた。茂崎は西泊の対岸網代《あじろ》浦の住人で、一四五五年に朝鮮の漂流民を救助した功により、「司直《しちょく》▲」という官職を朝鮮からあたえられ、受職人となった。朝鮮への通交者たちも朝鮮使節の動向には目を配っていたのである。

この西泊浦に金自貞一行がいるとき、婦人や女子や老人・少年たちが、「斑《はん》衣《い》」(模様のあるはでな衣)で頭と顔を覆って、小舟でたくさん集まってきた。一行の舟を見終ると、「大国(朝鮮のこと)の音楽を聴かせてください」という。金自貞が工人に音楽を演奏させると、民衆は嘆賞して帰っていった。

近年紹介された一四七九(文明十一)年の朝鮮通信使一行の金訢《きんきん/キムグン》▲の対馬紀行文集にも興味深い観察がある。この通信使は京都の日本国王足利《あしかが》氏に派遣された者であったが、対馬にいたったところで宗氏との交渉が難航し、正使が巨済島で死去したこともあって、道半ばで朝鮮に引き返した。したがって結果的に対馬しか訪問しなかった。

金訢は対馬北端の鰐浦《わにうら》で船をおり、山にのぼって、西方に東萊《とうらい》・熊川《ゆうせん》・巨済の諸峰を遠望している。「対馬島を詠《よ》む」という漢詩では、次のような対馬観察を記している。

民は漁民が多く、村の家はなかばが塩戸である。子供も刀を差し、婦女は船をうまく操縦する。家の屋根は陶瓦ではなく、茅葺《かやぶ》きである。竹を加工

▼金訢　朝鮮王朝の官人。一四七九(文明十一)年、日本への通信使の書状官として対馬にいたったが、対馬宗氏との交渉が不調に終り、一行は対馬から帰国した。

して弓をつくる。竹垣に蟹《かに》が騒がしく、耕作のできない田には米も少ない。吸い物に葛の根を煮て、矢をいれる筒には鶏の羽をさしている。はまぐりは食料を充たし、山椒や茶は商人を助ける。もぐさを焚いて病気を治し、骨を焼いて風雨を占う。施しをして仏を敬い、罪をおかして逃亡し、祠堂に集まる。履き物を脱いで年長者を敬うことを知っていても、座席を同じくして、父親をはばからない。髷《まげ》を一束ねにして、歯をそめ、合掌して背中を少しかがめる。目を怒らせてにらみ、激しい怒りを生じさせ、すばやく荒々しくて、簡単に殺す。「ものの」と言葉を発して、喜びをあらわにする。応対すれば、異なる作法は笑うべきであり、酒席においては偽りに驚かされる。山の産物は橘や柚《ゆず》を高く積み、海産物は鮫《さめ》や鰐《わに》を切る。島民の酔った言葉は鳥の鳴く声のようで、歌いだすと蛙の鳴き声ににている。白刃を身にまとって舞い、面をかぶって彩りのある幕からでてくる。主人は情が厚いので、客人はたいへん喜びたわむれる。

金訢は対馬の人びとの生活ぶりをかなり批判的にみているが、当時の生活習俗をよく表現している。亀卜《きぼく》▲や犯罪者のアジールへの逃走など、興味深い。

▼**亀卜**　亀の甲羅《こうら》を焼いて行う占い。古くは鹿卜《かぼく》であったらしい。令制《りょうせい》では、神祇官《じんぎかん》の卜部《うらべ》に対馬の卜部一〇人がいた。対馬の豆酘では現在でも行われている。

▼**府中**　対馬の国府《こくふ》がおかれた場所。現在の厳原。府内《ふない》ともいわれた。島主宗貞国の時代に峰郡佐賀から守護所がここに移され、ふたたび対馬の中心地となった。

●──**厳原・金石城跡**（戦国時代から江戸時代前期の宗氏の館跡）



## 対馬島主の館

朝鮮から対馬に派遣された使節の目的は島主にあうことであったから、島主の接待ぶりやその館についても記事を残している。金自貞一行は府中《ふちゅう》▲（現在の厳原《いづはら》）にいき、島主宗貞国と面会することになっていたが、貞国はなかなかあおうとしない。貞国の家臣らに事情をたずねると、貞国の子貞秀《さだひで》が咽喉をわずらい、鍼灸《しんきゅう》で治療中であるので、平癒を待って面会するということであった。五月二十七日にようやく面会がかない、島主の役所で朝鮮国王の書契と礼物をあたえる儀式が行われた。儀式が終ったあと、貞国は朝鮮の音楽を請い、工人が演奏した。貞国はこれを聴き、称嘆してやまなかった。このとき金自貞は島主の家について次のように記している。

島主の家は前後に役所がある。また、厩《うまや》や台所がある。茅葺きで、まわりを垣根が取り囲んでいる。垣根の外に壕がめぐらされており、海水を引き入れている。その深さと広さは一丈（約三メートル）余りである。建物には階段がなく、屋根のない楼台《ろうだい》は板を四方の壁としており、朱色に塗られていない。東、西、北の壁には山水を描いている。島主はみずからうしろの屋敷に居住している。前の屋敷にくれば、客人と応対するか、事務を行うのみである。つねに鎧五〇、兜五〇、弓七〇、長剣二〇、長箭四〇をならべて自衛している。島内は八郡あり、その所属の武士を五番に分け、各番八、九十人がみずから食料を準備して、五日間交代で勤務し、命令に備えている。

「三番に編成されて、七日ごとに交替で島主の家を守っている」という『海東諸国紀』の記事とは相違しているが、宗氏が島内八郡の武士を各番に編成して、定期的に島主館の警備を行わせていたとする点は共通している。

朝鮮使節が対馬島主の館を訪問すると、宗氏は庭で射的を行い、また山野で狩猟をして一行をもてなした。しかし、こうした狩猟の接待は、まったく成果がなく不調に終ることもあった。

# ②—外交官・通交者・商人・海民

## 中世対馬の外交官・宗国幸一族

申叔舟《しんしゅくしゅう》《シンスクチュ》『海東諸国紀《かいとうしょこくき》』日本国紀対馬島《つしまとう》条には、対馬の集落とともに多くの朝鮮通交者が登場する。その一人に「国幸《くにゆき》」という人物がいる。

> 今辛卯《しんぼう》(一四七一＝文明《ぶんめい》三)年対馬島特送《とくそう》を以て来朝し、兼ねて三浦《さんぽ》を察す。宗大膳《そうだいぜん》国幸と称す。島主の親信する所なるを以て、別例により厚待して送る。

宗大膳国幸は、一四七一年、対馬宗氏の特送として朝鮮に赴き、また貿易港三浦を監察した。島主の信任が厚いので、特別に厚遇した、というのである。この十五世紀後半に活躍した宗氏の家臣《かしん》宗国幸についてみてみよう。

宗国幸は、一四七一年に宗氏の特送として朝鮮に派遣され、三浦の倭戸《わこ》(日本人)の送還も行った。一四七六(文明八)年には、対馬に派遣された朝鮮の金自貞《きんじてい》《キムジャジョン》に島主の書契《しょけい》をもたらした。このように、宗国幸は宗氏の外交官として活動した。一四七八(文明十)年以降、ほぼ毎年のように朝鮮に使船《しせん》をつかわした。一四八四(文明十六)年以降、年に二回遣使することもある。一四七八年ごろに朝鮮通交権を獲得し、八四年ごろにはそれが強化されたと考えられる。島主の信任が厚い外交官ということで、通交権を朝鮮から認められたのであろう。歳遣船《さいけんせん》が当初一船であったものを、二船に増加したのか、あるいは当初から一、二船を許されていたものと考えられる。使船といっても実質的には貿易船であった。

つぎに宗国幸の外交官としての活動がみられるのは、一五一〇(永正《えいしょう》七)年の三浦の乱▲の直後である。一五一〇年四月に三浦の恒居倭《こうきょわ》(三浦に住む日本人)が対馬宗氏と連合して反乱を起こし、まもなく鎮圧されたのが三浦の乱である。この事件によって、対馬と朝鮮の関係は断絶状態になった。翌年三月ごろから対馬の関係復活交渉が始まる。四月に宗氏が仕立てた御所丸《ごしょまる》(日本国王使船)が朝鮮に渡海し、交渉が始まった。佐護湊《さごみなと》の大窪彦次郎《おおくぼひこじろう》らが非公式に朝鮮に渡海し、状況をさぐっている。翌一五一二(永正九)年四月、老練な外交官宗国幸が特送として朝鮮に派遣された。復活交渉のためである。宗国幸は七月八日、朝鮮で病死してしまうが、八月には交渉がまとまり、壬申約条《じんしんやくじょう》▲という条約が対

**▼三浦の乱**　一五一〇(永正七)年、朝鮮の三浦で恒居倭が対馬宗氏と結んで起こした兵乱。すぐに鎮圧された。二年後に壬申約条が結ばれ、対馬と朝鮮の関係が修復した。

**▼壬申約条**　三浦の乱後の一五一二(永正九)年、対馬と朝鮮のあいだで結ばれた条約。三浦への日本人の居住の禁止、対馬島主歳遣船の半減など、厳しい内容であった。

馬と朝鮮のあいだに結ばれた。十一月に宗大膳・宗織部《おりべ》の二人が特送として朝鮮に派遣された。宗大膳(亮《すけ》)は宗国幸の子である。宗国幸一族は代々、宗氏の外交官として朝鮮との交渉にあたったのである。その一方で、朝鮮貿易も行った。

## 宗国幸家の朝鮮貿易

宗国幸の子宗大膳亮には、一五一三(永正十)年、島主宗義盛《よしもり》▲から次のような文書がくだされた。

対馬佐護郡の内、伊豆守給分《いずのかみきゅうぶん》、配分のまま、貞国判形《さだくにはんぎょう》の旨に任せ候、また毎年国並書《くになみしょ》一通、同肥前千葉殿《ひぜんちばどの》書一通、ならびに貢銭《くせん》・自分之書一通、扶持《ふち》として遣わすのところ、相違あるべからざるの状くだんのごとし、

内容の第一は、佐護郡のうち、伊豆守(宗国幸)の知行《ちぎょう》のとおり、宗貞国の文書にまかせて知行を承認するという知行安堵《あんど》である。対馬北部の佐護郡が宗国幸家の本拠地かもしれない。第二は、(1)毎年の国並の書一通、(2)毎年の肥前千葉殿の書一通、(3)貢銭、(4)自分の書一通を知行として遣わすという、これまた

▼**宗義盛**　戦国時代初期の対馬島主。前島主宗材盛の子。初名は盛順《もりのぶ》。三浦の乱時の島主で、壬申約条の締結に努力した。

安堵である。「国並の書」とは、「国次《くになみ》の書」ともいい、対馬島主の歳遣船を意味する。十五世紀には年間五〇船であったものが、壬申約条によって半減し、二五船になった。島主宗氏は、これを家臣団に給与することによって、家臣団をつなぎ止めていたのである。給与する耕地が少なく、また朝鮮貿易に大きな権益をもつ対馬宗氏独特の知行政策のあり方であった。また、(2)(4)の「書」は外交文書である書契をあらわす言葉であり、それに捺《お》す図書《としょ》(朝鮮からあたえられた印鑑)も意味するようになり、受図書人《じゅとしょにん》は朝鮮貿易権をもつので、朝鮮貿易権を意味することとなった。つまり「肥前千葉殿の書」とは、肥前の豪族《ごうぞく》千葉氏名義の図書を捺した書契を意味し、「自分の書」とは、父宗国幸から継承した宗大膳名義の図書を捺した書契を意味する。「貢銭」とは、宗氏が発行する渡航証明書である文引《ぶんいん》の発行料である。これを免除されたのである。宗国幸家は、朝鮮貿易権として、島主歳遣船一船・肥前千葉氏船一船・自家の船一船という年間三船の朝鮮貿易権を所有し、一五一三年にこれを安堵されたのである。

肥前千葉氏▲は『海東諸国紀』に「千葉殿　己卯《きぼう》(一四五九＝長禄《ちょうろく》三)年遣使来朝す。居は小城《おぎ》に有り。北は博多を距《へだ》たること十五里、民居一千二百余戸、正兵

▼**肥前千葉氏**　下総《しもうさ》千葉氏の一族が鎌倉時代に肥前に下向したことに始まる。戦国時代には少弐氏と大内氏《おおうちし》の抗争に巻き込まれ、のちに龍造寺氏《りゅうぞうじし》に属した。

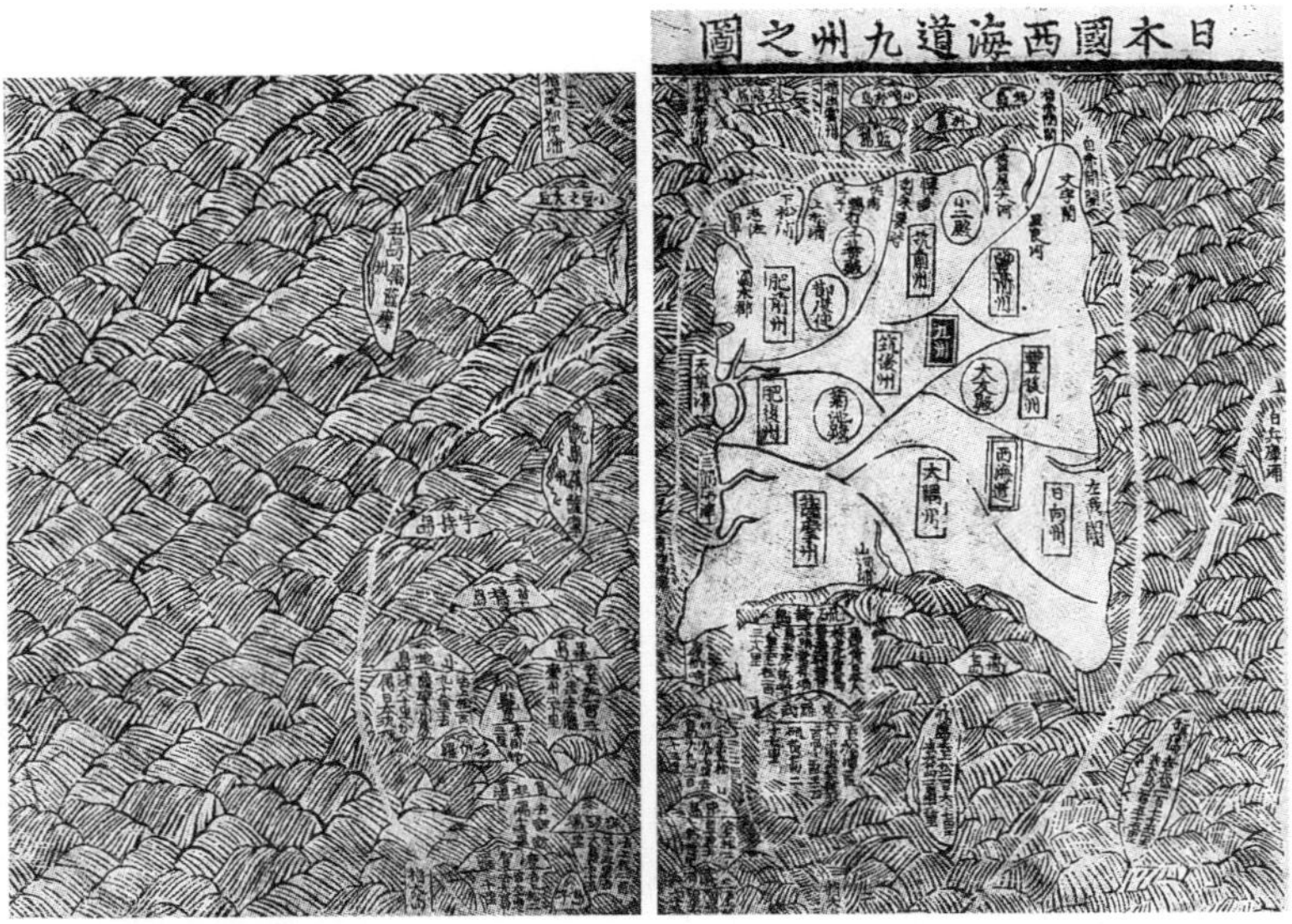


●――『海東諸国紀』九州図

博多南十五里民居一千餘戶
正兵二百五十餘總治九州之
兵對馬島人宗大膳等言初教
直助大內及小二復土懼棄所
居潛投肥後州也望加知

千葉殿
己卯年遣使來朝居有小城北
距博多十五里民居一千二百
餘戶正兵五百餘書稱肥前州
小城千葉介元胤約歲遣一舡

源義
乙酉年遣使來朝書稱呼子一
岐守源義約歲遣一二舡小二
殿管下居呼子有麾下兵稱呼
子殿

源納
乙亥年遣使來朝書稱肥前州
上松浦波多島源納受圖書約
歲遣一二舡小二殿管下居波
多島人丁不過十餘

●――同，肥前国条（千葉殿）

五百余あり。書に肥前州小城千葉介元胤《ちばのすけもとたね》と称す。歳遣一船を約す」とあるように、歳遣船一船の朝鮮貿易権をもっていた。つまり「元胤」名義の図書も朝鮮からあたえられていたことになる。

千葉元胤は実在の人物であるが、一四六四（寛正《かんしょう》五）年ごろには没していた。しかし、元胤の朝鮮通交は一四五八（長禄二）年から一五〇四（永正元）年まで確認される。したがって没後の朝鮮通交は明らかな偽使《ぎし》であるといえる。宗氏が宗大膳亮に「肥前千葉殿の書」一通を安堵していることからすると、本来は島主がその図書を確保し、知行としてある時期に宗国幸にあたえたとみることができる。実際、一四八四（文明十六）年と九二（明応《めいおう》元）年には宗国幸は千葉介元胤と同時に朝鮮に遣使しており、実質的には宗国幸が両方の使船を仕立てたということができる。島主から宗国幸へ「肥前千葉殿の書」一通が認められたのは、一四八四年以前ということになる。この千葉元胤の図書＝朝鮮貿易権を獲得したのは誰かという問題がある。千葉元胤が獲得し、元胤没後、それが対馬島主のもとになんらかの事情によって渡ったという考え方と、当初から対馬島主が「元胤」名義の図書を入手したという考え方ができる。後者であれば、最初から

▼偽使創出政策　一五一〇（永正七）年の三浦の乱以後、対馬宗氏によって多くの偽使がつくりだされた。近年の研究によって、それは十五世紀半ばから行われていたことがわかった。

偽使であったということになる。これに関しては証明すべき史料がないが、当時の対馬島主による偽使創出政策▲と連動すると理解すれば、後者の可能性が高い。

三種類の使船派遣の権利をもっていた宗国幸・大膳亮家に大きな試練が待ち構えていた。それは三浦の乱と壬申約条の締結である。壬申約条によって対馬は多くの権益を失ったが、宗大膳亮家も三つの通交権益のうち、「肥前千葉殿の書」と「自分の書」の権益が無効になったと考えられる。あえて壬申約条の翌年にこの三権益とも島主が承認しているのは、喪失した権益が復活することを期待してのものであった。しかし、喪失した二つの権益が復活した形跡はない。宗国幸家は天文《てんぶん》年間（一五三二〜五五）に吉賀《よしが》氏と改姓する。のちの史料によると宗国幸家の直系と考えられる吉賀伊豆守が、一五八一（天正《てんしょう》九）年に島主歳遣船の二十四番船を、八三（同十一）年にも同船を、八五（同十三）年には島主歳遣船の十二番船（中船）を朝鮮に派遣している。このほか、一五八三年閏二月（これは朝鮮の暦の閏月）に九州探題渋川氏《たんだいしぶかわし》名義の使船（偽使）の派遣者になっている。

このように宗国幸家(吉賀氏)は壬申約条後は朝鮮通交権の多くを失い、宗氏歳遣船の隔年での派遣と臨時の使船の派遣が認められたにすぎなくなっていた。三浦の乱は島主宗氏とその家臣団に深刻な状況をもたらしたのである。この状況を打ち破るには、偽使を大量に創出して、朝鮮権益をかつての癸亥約条の水準に少しでも近づけることしかなかった。

## 『海東諸国紀』にみえる大浦宗氏と朝鮮

『海東諸国紀』対馬島吾温浦《おおうら》条に、宗茂次《しげつぐ》・茂実《しげざね》父子の記事がみえている。

この記事によると、上津郡《かみつ》追浦《おう》=吾温浦=大浦▲に住む宗茂次なる人物が、一四六〇(寛正元)年、朝鮮の漂流人を救助して朝鮮に来朝し、六七(応仁《おうにん》元)年にも来朝した。その子の「所温皮古破知」=宗彦八《ひこはち》茂実は、一四六七年に島主宗貞国の請によって朝鮮の官職「司正《しせい》▲」を受職《じゅしょく》した。つまり、宗茂実は一四六七年に受職人となり、年間一回の朝鮮への通交権を獲得したのである。

宗茂次・茂実父子は、国内史料からもわかるように対馬国豊崎《とよさき》郡大浦の住人であり、当時すでに宗氏の家臣となっていた。

▼大浦　対馬の北端に近い集落。現対馬市上《かみ》対馬町大浦。地名のとおり、深い湾をもつ。近世には大浦村と河内《かわち》村に分かれた。国人大浦宗氏(大浦氏)の根拠地。

▼司正　朝鮮王朝の武官の官職。五衛《ごえい》のなかの正七品官《しょうしちひんかん》。

宗茂次の朝鮮通交は、一四六〇年から八六(文明十八)年までの二七年間に二〇回におよんでいる。一四五九(長禄三)年八月、朝鮮は日本に対して通信使を派遣したが、海上で遭難した。この一行のなかの船軍韓乙《せんぐんかんいつ》を救い、朝鮮に通交したのが宗茂次であった。朝鮮側は茂次に通常以上の接待をした。

偶然的な事情によって朝鮮にはじめて通交した宗茂次は、その後毎年のように朝鮮に遣使する。一四六四(寛正五)年七月には、朝鮮に書を送り、金海《きんかい》の漂流人四人を救療したとして接待を要求したが、朝鮮側は、一時の功績で接待を開始するわけにはいかないという理由でこれを拒絶した。朝鮮側の拒絶にもかかわらず、一四六〇年から七三(文明五)年の一四年間に一〇回通交している。朝鮮への正式な通交権を保持しないまま、茂次が頻繁に朝鮮へ通交していることは注目される。

一四七三年五月、茂次は書契を朝鮮に送った。曾祖父の代より朝鮮に対して「外護の忠心」をいたし、とくに朝鮮の使船が対馬に着岸したときには、まず大浦において忠節をつくしてきたことを根拠に、図書を請求したのである。この図書請求は成功し、茂次には図書が贈られた。この結果、茂次は受図書人となり、朝鮮への通交権を獲得したのである。一四七四・七五（文明六・七）年の両年に各一回ずつ、計二回通交している。

一四七七（文明九）年九月、朝鮮は、図書を受けながら定約のない者に対する措置として、受図書人でしかも定約のない那久屋頼永《なごやよりなが》・宗茂次・立石国長《たていしくになが》の三人に毎年一回の入朝を許した。これをもって日朝通交における使船定数が完備し、使送倭船の統制策が定着したのである。この結果、宗茂次は年間一回の歳遣船定約者となり、その朝鮮通交権は強化された。豊崎郡大浦の一国人《こくじん》が歳遣船定約者になることは、異例のことであった。一四七七年から八六年までの一〇年間に八回通交している。

つぎに、子の受職人宗彦八茂実についてみてみよう。『海東諸国紀』に、丁亥《ていがい》（一四六七）年に島主宗貞国の請によって司正を受職したことがみえている。その後、宗彦八は司果《しか》▲に昇任した。

一四七六（文明八）年十一月、受職人である早田茂続《そうだしげつぐ》・平国忠《たいらのくにただ》とともに朝鮮に渡航した宗彦八は、両名を介して、「宗彦八は島主の族親《ぞくしん》で、対馬島の初面に居し、朝鮮の使臣が対馬を往来するときには迎送につとめている。いま昇任

▼**司果**　朝鮮王朝の武官の官職。五衛の正六品官。

●──対馬市・大浦

●──対馬市・鰐浦

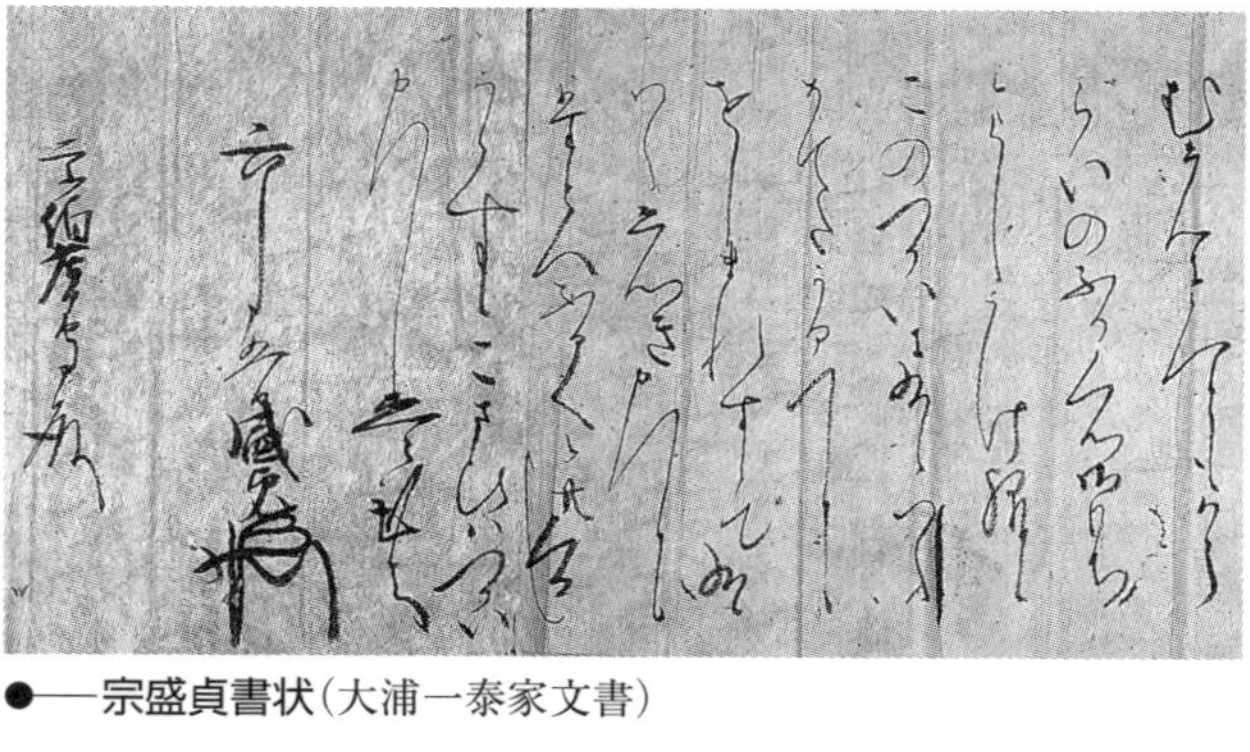

●──宗盛貞書状(大浦一泰家文書)

せずに対馬に帰ったならば、島主がわれわれを必ず罰するだろう」と述べ、礼曹《れいそう》に対して昇任を要求した。この要請は認められ、彦八は司直《しちょく》となった。

一四七七（文明九）年九月、礼曹は国王成宗《せいそう》に対して、「彦八が島主と同姓の近親で、族類は強盛で、また朝鮮の使船が到泊の地に居住しているとし、島主宗貞国が彦八のために上級の官職を要求してきたので、宣略将軍副護軍《せんりゃくしょうぐんふくごぐん》▲に任命したい」と啓上した。その結果、彦八は副護軍に昇任する。その後、彦八は、一四八二（文明十四）年三月以前に副護軍から護軍▲へ昇任した。

受図書人・歳遣船定約者の宗茂次と受職人茂実の父子の朝鮮通交は、まさに二重構造であった。おそらく両者の通交は、相互補完的に機能していたと考えられる。大浦宗氏の貿易品については「遣レ人来献二土宜《どぎ》一」「遣レ使来献二土物《どぶつ》一」とあるばかりで、茂次が朝鮮に献上した土宜・土物の内容や朝鮮からの下賜品についてはまったくわからない。

年代は不明であるが、宗盛貞《もりさだ》（のちの島主宗材盛《きもり》▲）は大浦宗氏の宗国茂に対して、「高麗《こうらい》の深沓《ふかぐつ》」を所望し、国茂はこれを贈った。この深沓は、朝鮮から受職人に対して贈った官服に付属したものと考えられ、受職人として必須のもので

▼**宣略将軍副護軍**　朝鮮王朝の武官の官職。宣略将軍は京官職の従《じゅ》四品官。副護軍は五衛の従四品官。

▼**護軍**　朝鮮王朝の武官の官職。五衛の正四品官。

▼**宗材盛**　戦国時代初期の対馬島主。宗貞国の子。貞秀《さだひで》・盛貞とも称す。実名は足利義材《あしかがよしき》の一字をあたえられたもの。

あった。宗盛貞の名は、一四七四(文明六)年三月から八九(長享三)年四月まで確認され、翌九〇(延徳《えんとく》二)年十一月には材盛に変化しているため、深沓の授受は一四九〇年以前のことである。なぜ盛貞が大浦宗氏にこれを要求したのかはわからないが、あるいは島主がつくりだした偽使の衣装に使われたのかもしれない。

## 十六世紀の大浦宗氏と朝鮮

天文期に大浦宗氏は河内《かわち》大浦氏となるが、十六世紀末には同氏は朝鮮通交権を失っていた。

一五七二(元亀《げんき》三)年、島主宗義調《よししげ》▲が朝鮮へ渡航する船隻を調べる尺縄《しゃくなわ》を定め、比田勝康次《ひたかつやすつぐ》・大浦康勝《やすかつ》両名に対してその実施を指令した。この両名は、「印冠《いんかん》之跡付《のあとづけ》」▲の筆者すなわち鰐浦《わにうら》▲における船隻調査の担当者であり、比田勝康次は豊崎郡比田勝の国人、大浦康勝は河内大浦氏であった。この両名は、「涯分《がいぶん》船之大小沙汰干要存候、ゆるかせに候てハ、向後《きょうこう》両人之あやまりたるへく候間、よふしや(用捨)ハ無用候」と命じられ、尺量銀▲未納分の渡口《わたしぐち》での催促、「なかす」「たて

▼**宗義調**　戦国時代末期の対馬島主。宗晴康の子。朝鮮とのあいだに一五五七(弘治三)年、丁巳約条を締結。宗茂尚《しげひさ》に地位を譲り、引退したが、宗義智代に義智(昭景)の後見役となった。

▼**「印冠之跡付」**　戦国時代の対馬の史料。「朝鮮送使国次之書契覚」の一部で、一五七二〜七五(元亀三〜天正三)年にいたる朝鮮関係の記事をおさめる。

▼**鰐浦**　対馬最北端の港。現対馬市上対馬町鰐浦。『日本書紀《にほんしょき》』にも、朝鮮半島へ渡海する港として「和珥津《わにつ》」とみえる。中世には朝鮮使節がよく訪れた。

▼**尺量銀**　朝鮮への渡海船の「尺」つまり長さをはかるときに宗氏が課した税。

なかす」といった「尺より長キ船」の渡航の制止と府中《ふちゅう》への注進もその職掌であった。つまりこのとき、大浦宗氏（河内大浦氏）は、比田勝氏とともに、宗氏の通交統制を鰐浦で担う役人と化したのである。

当時は宗氏の歳遣船は、一五五七（弘治《こうじ》三）年の丁巳《ていし》約条▲で年間三〇船となっていた。この三〇船は、朝鮮側から大・中・小と船の大きさが指定されており、その厳密な履行が求められていた。たとえば、一五八五（天正《てんしょう》十三）年の島主歳遣船三〇船は、そのほとんどが家臣団に給与されており、島主宗義智《よしとし》▲と元の島主宗義調の使用分をあわせて六船にすぎなかった。また、一番船から十一番船までが大船、十二番船から二十一番船までが中船、二十二番船から三十番船までが小船であった。島主関係の船はほとんどが小船である。宗氏は朝鮮側からの厳しい要求に応えるため、朝鮮にもっとも近い豊崎国人を検査役に命じたのである。

鰐浦は対馬の最北端に位置し、大浦とは隣接しており、比田勝とも近い。また、河内大浦氏・大浦大浦氏・比田勝氏は「豊崎郡老《ぐんろう》」「豊崎郡長《ぐんちょう》」「とよさきおとな」と宗氏から呼ばれており、豊崎郡の有力国人であった。宗氏は朝鮮への

**▼丁巳約条**　一五五七（弘治三）年四月、朝鮮は大船二・中船二・小船一の計五船の増加を認め、島主歳遣船は三〇船となった。このときの約条を丁巳約条という。

**▼宗義智**　戦国末・近世初期の対馬島主・対馬藩主。宗将盛《まさもり》の子。初名は昭景。一時期、吉智《よしとし》を名乗る。一五八〇（天正八）年ごろ島主となり、朝鮮出兵においては小西《こにし》行長《ゆきなが》とともに先陣を切った。関ケ《せきが》原合戦《はらかっせん》では西軍に属したが、徳川《とくがわ》氏《し》から対馬を安堵されて藩主となる。朝鮮との国交回復につとめ、一六〇九（慶長《けいちょう》十四）年、己酉《きゆう》約条を結び、回復に成功した。

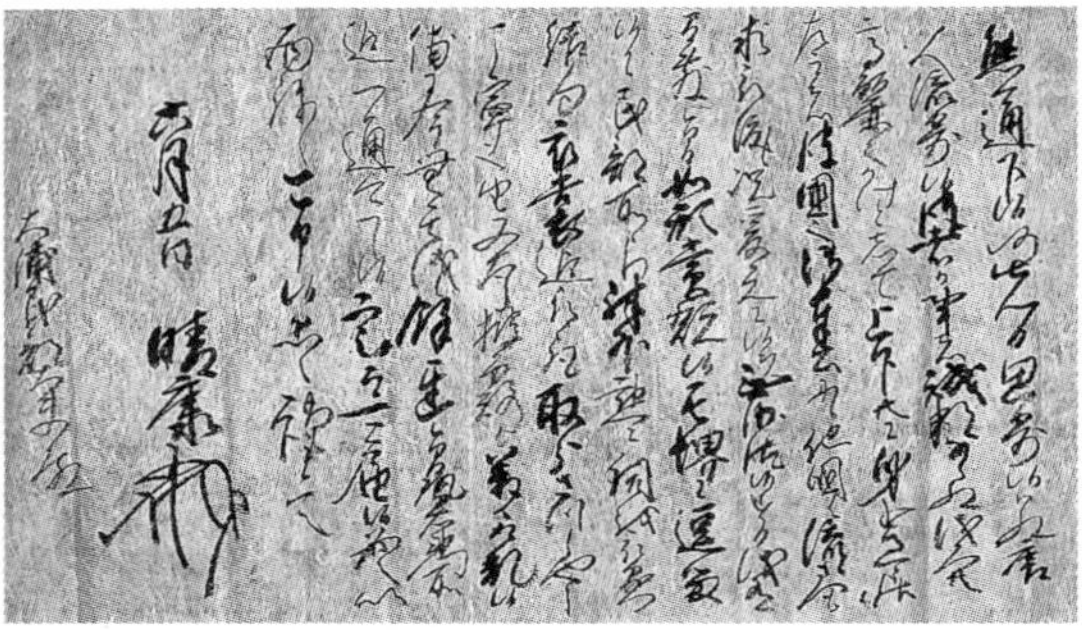

●―宗晴康書状（大浦一泰家文書）

「渡口」＝鰐浦の近隣の国人層に通交統制の実務を委ねたのであり、宗氏による豊崎郡内国人の被官《ひかん》化の進展と島内支配の進展がその背景にある。

「三印《みつじるし》」とは対馬島主特送船を意味する言葉であり、その警固が大浦宗氏などの鰐浦近隣の国人にも命じられた。大浦宗氏が島主の派遣船の警固を担った。これ以外にも島主派遣船の警固関係史料は多数存在し、その警固が豊崎郡衆、なかでも大浦宗氏にとって重要な任務であったことがわかる。特送船に積む馬の管理は村中の義務であり、それを差配するのは給人で構成された「寄合中《よりあいちゅう》」であった。

また、島主宗晴康《はるやす》▲は、書状をだして対馬における朝鮮漂流人の送還の重要性を述べている。ただしその背景には、朝鮮側の歓心を買い、制限された貿易を復活しようという島主の意図が存在していた。そのため、漂流人の取扱いを比田勝・大浦両村が「異儀」「緩怠《かんたい》」したときには、宗晴康は長文の書状を書き、その非を諭している。

## 廻船商人と交易

中世の対馬廻船《かいせん》商人の一例として、与良《よら》郡竹浦《たけのうら》（竹敷浦《たけしき》）の高尾氏《たかおし》についてみてみよう。竹浦は浅茅《あそう》湾内の海村であり、『海東諸国紀』にも「多計浦《たけうら》八十余戸」とみえている。高尾氏は、応永《おうえい》期に宗貞茂に対して忠節を行い、万雑公事《まんぞうくじ》を免除されている。このころまでに宗氏の家臣となっていたのである。

その所領《しょりょう》は、居屋敷・畠地のみと零細であり、竹浦の村落領主《りょうしゅ》的存在であったと考えられる。室町初期には「ちんあミ《（チヌ網）》」を宗貞茂から許されているように、漁業と深い関係をもっていた。さらに一四七七（文明九）年には、「こふん《（子分カ）》」が有する「船の六地《ろくち》の一俵物《いっぴょうもつ》」「塩判《しおはん》の公事」「おうせんの釣りの公事」を免除されており、九州との交易や塩の交易、朝鮮孤草島《こそうとう》《コチョド》海域への出漁にも関与していたことがわかる。「対馬船頭」であった高尾五郎左衛門尉《ごろうさえもんのじょう》は筑前《ちくぜん》に頻繁に渡航する存在であったが、一四七九（文明十一）年、大内氏の筑前守護代《しゅごだい》陶氏《すえし》から筑前への渡海を保障され、博多息浜入船公事《おきのはまいりふねくじ》▲を免除されている。竹浦の村落領主で、宗氏の家臣として軍役を務める一方、対馬島内や朝鮮海域での漁業にかかわり、塩の流通や九州との交易にも関与した高尾氏は、十五世紀後半には、対馬と筑

▼**宗晴康**　戦国時代の対馬島主。賢尚《かたひさ》・貞泰《さだやす》・晴茂《はるしげ》。宗盛俊の子。初め出家したが、宗将盛が島主の地位を追われたのち、島主となる。一五四六（天文十五）年ごろ、宗氏一族に他姓を名乗らせた。一五四四（天文十三）年に蛇梁《だりょう》《サリャン》の倭変《わへん》を起こし、朝鮮との関係が断絶したが、一五四七（同十六）年の丁未《ていび》約条によって復活した。

▼**博多息浜入船公事**　博多の息浜（興浜）に入港する船に対する入港税。本来、領主である大友氏が徴収したが、筑前守護大内氏が押領することもあった。

前博多を頻繁に往来する廻船商人ともなっていたのである。この高尾氏のもつ多様性こそ、対馬の海の領主がもつ特性であった。

　こうした村落(浦)に基盤をもちつつ、多様な活動をした廻船商人のほかに、より商業への専従の度合いが高い商人も存在した。平山氏《ひらやまし》は、上島《かみしま》東海岸の志《し》多賀《たか》と下島《しもしま》の府中の二カ所に根拠地をもつ廻船商人であったが、室町時代には長門《ながと》肥中《ひじゅう》・筑前・肥前に渡海する商船を有していた。その一方で、宗氏などから知行給与や船《ふな》公事▲などの免除、加冠《かかん》、官途《かんと》・実名《じつみょう》▲の宛行いが行われるなど、宗氏の家臣となっていた。平山氏の経営の実態は明らかにできないが、漁業との関係がみいだせず、高尾氏よりも廻船業への専従度が高く、活動範囲も広い。ただし、宗氏の家臣となっている点では共通している。

　以上のような中世対馬商人は、朝鮮貿易にも関与し、対馬にもたらされた朝鮮の物品を日本各地にもたらし、博多などで日本の鉱産物・手工業製品や南海産物資からなる朝鮮への輸出品を調達したと考えられる。さらには漁業や島内の流通にも関与し、島内で生産された塩・魚を島外に運び、穀物などと交易したのである。こうした対馬商人の廻船活動の基礎は、海民としての活動によっ

**▼船公事**　宗氏が賦課した船に関する税。具体的な内容は不明。

**▼加冠、官途・実名**　加冠は元《げん》服《ぷく》の際、冠(烏帽子《えぼし》)を加えること。官途は官職。本来は大名が京都の朝廷に申請したうえであたえたが、朝廷に申請しないことが多かった。実名は元服後の名前(名字)のこと。元服時に大名が自分の一字をあたえるのが一般的。

て形成されたといえよう。十六世紀末の宗氏の史料には、対馬の朝鮮貿易商人の名前が多数登場する。

## 海民と製塩

対馬の中世文書には、「しほや《（塩屋）》」「しほかま《（塩竈）》」など、製塩関係の語句が多くみられる。対馬の浦々で製塩が盛んに行われたことを示している。

一三一九(元応《げんおう》元)年の文書には、「対馬島の塩屋は、注文をそえて借上《かしあげ》▲に渡すほかは、今年はじめて立てた塩竈については、宮内入道《くないにゅうどう》の沙汰として年貢を進上せよ」とある。「しほや」とは、製塩を行う単位となる建物と考えられるが、対馬島の塩屋は、守護少弐《しょうに》▲氏から借上という高利貸資本に注文をそえて渡されている。この場合の年貢とは、塩竈で生産された塩と考えられる。したがって、十四世紀前半の対馬の塩竈は、守護少弐氏によって掌握され、年貢として塩を守護に上納していたことがわかる。この宮内入道は、塩年貢徴収の役人であろう。

塩竈は一般的に「竈」「かま」とも省略された。この「竈」には、郡主の竈と私の

▼**借上**　中世の高利貸業者。港町に多かった。借上が年貢の徴収を請け負うこともあり、この場合、対馬の塩屋の塩年貢の徴収を請け負った者か。

▼**少弐氏**　鎮西奉行《ちんぜいぶぎょう》武藤氏《むとうし》。鎌倉時代初期に大宰府《だざいふ》に下向した。対馬の守護もかね、対馬島の地頭《じとう》でもあった。対馬守護代で地頭代でもあった宗氏の主家。室町時代に少弐氏が衰退してくると、宗氏が保護したが、応仁の乱で両者の主従関係は解消した。

竈が存在した。『海東諸国紀』対馬島の郡主の項には、「土田《どでん》・塩戸《えんこ》を以て之に分属せしむ」とあるように、塩戸（塩屋・塩竈）には、島主から郡主に給与されるものがあった。これが中世文書にある郡主の竈である。郡主の竈で生産された塩は、郡主の得分《とくぶん》となったと考えられる。

一五五四（天文二十三）年八月二十二日、宗義調は、糸瀬《いとせ》播磨守《はりまのかみ》が豊崎郡福満《ふくま》浦《うら》の「かま」を「郡主之竈」に準ずるように望んだので、これを許して「かなへ所」（島主宗氏の食事を調達する役所か）への公役《くやく》を免除し、「山手《やまて》」として毎年塩一〇俵を堅固に納めるように述べている。このことから、「郡主之竈」は「かなへ所」への公役すなわち塩の上納が免除されたことがわかる。この「郡主之竈」と対をなす「私之竈」は、「かなへ所」への公役が賦課されたことが推定できる。本来、この塩竈は糸瀬氏の私の竈であったが、豊崎郡の国人糸瀬氏が郡主の竈に準ずるように要求したため、宗氏は「かなへ所」への公役を免除したのである。したがって、鎌倉時代に少弐氏によって形成された塩竈の塩年貢徴収体制は、対馬守護を継承した宗氏によって形を変えながらも継承されたことがわかる。ただし、糸瀬氏がかかえるこの塩竈は、完全に課役が免除されたのではなく、「山手」として毎年塩一〇俵を宗氏におさめる義務があった。「山手」とは山の用益に対する税と考えられる。製塩の燃料として山の木を利用することに対しては、塩の現物納という形で税が賦課されたのである。

私の竈については史料が多く残っている。十五世紀の前半、宗貞盛は扇左《おうぎさ》京亮《きょうのすけ》に対して「しほや(塩屋)の事、わたくしニおいてした(仕立)つるへきよし申され候、しかるへく候」と述べている。扇氏が私的に塩屋を仕立てたいと申請したので、宗氏がこれを許可したのである。つまり、私の塩屋・塩竈の設置は島主の許可が必要であった。これによって宗氏は、私の竈の掌握が可能であったのである。村落の領主や百姓が島主の許可をえて個人的に設けた塩竈は「私竈」と呼ばれた。

一四三四(永享《えいきょう》六)年、宗貞盛は宗美濃介《みののすけ》に対して、対馬の峰《みね》郡「つやなき(津柳)のわたくしかま」について、料足《りょうそく》三〇〇文は郡代官《だいかん》に沙汰《さた》し、残る料足公事は免除すると述べている。宗美濃介の私竈の料足公事の一部を免除し、三〇〇文だけは郡代官におさめるようにしたのである。私竈には島主から公事が賦課されており、この宗美濃介の場合は、公事の一部免除という形で特権を付与されたのである。

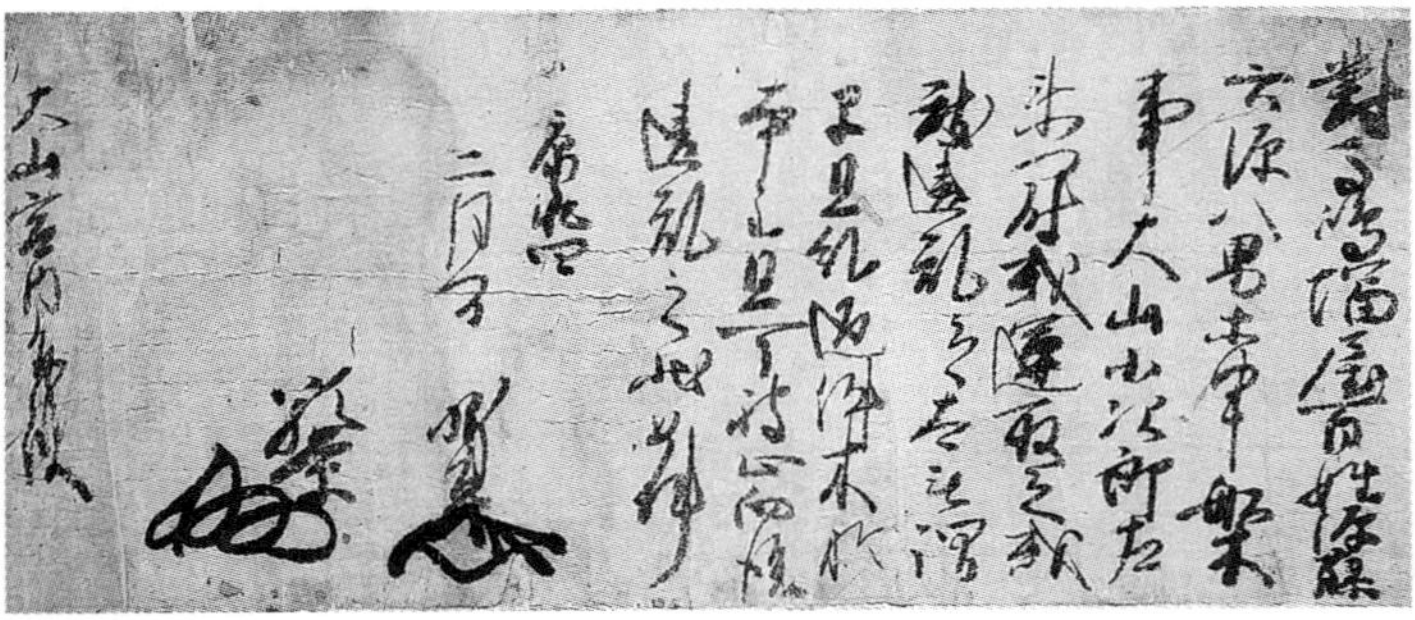

●—大山小田家文書(一三四五〈康永四〉年)

一四七一(文明三)年閏八月十五日、宗貞国は宗中務少輔《なかつかさしょう》に対して、「上司役公事」の知行を宗成職《しげもと》の文書にまかせて安堵した。その知行の対象は、「つくものかま」「ミかた《(箕形)》のかま」「こうつき《(上槻)》のかま」「くね《(久根)》のかま」「ない《(内院)》のかま」「くわ《(久和)》のかま」「あかみ《(安神)》のかま」「くた《(久田)》のかま」「なむら《(南室)》のうら《(浦)》」「おうら《(尾浦)》のかま」「こうら《(小浦)》のかま」であった。「かま《(竈)》」の記載がある箇所は、塩竈に対する税の徴収権をあたえたものと考えられる。

「上司役公事」については不明である。宗中務少輔は島主の直属家臣であるから、塩の生産そのものに従事したとは考えられない。宗中務少輔は、この一一カ所の塩竈から徴収した公事あるいは公事の徴収権を知行として給与されたのである。この一一カ所の竈であるが、「つくも」を除いて現地比定することができる。対馬下島の沿岸部一円に分布しているが、東海岸七カ所・西海岸二カ所・浅茅湾岸一カ所と、とくに東海岸の府中周辺に集中している。

塩屋・塩竈の経営者・知行者は島内の領主層であったが、製塩の労働力としては、「百姓」の存在が確認できる。一三四五(興国《こうこく》六)年ごろ、対馬の国人大山《おやま》次郎左衛門尉《じろうさえもんのじょう》が、「対馬島塩屋百姓源藤六《げんとうろく》・源八男《げんぱちなん》等」の「船木《ふなき》」を運びとるという事件が起こった。源藤六らは守護少弐氏に訴え、少弐氏は船木を本主に返すように命じた。この大山氏によって運びとられた船木とは、源藤六らの造船用の木材と考えられる。したがって、この「塩屋百姓」源藤六は、船を所有していた。また源八男は、名乗りからすると下人《げにん》・所従的海民とも考えられる。対馬の塩屋・塩竈で製塩に従事した海民には、平民的海民▲と下人・所従的海民▲が混在していたと推定される。

一三四四(康永三)年、少弐頼尚《よりひさ》▲は宗右馬《うま》入道《にゅうどう》に対して、「黒瀬権大夫《ごんのたいふ》入道々教《どうきょう》申し候塩木切り開く所々の木場《こば》等の事」について、甲乙人の押領《おうりょう》を停止するように命じている。黒瀬道教は塩竈の経営者と考えられ、「塩木」とは製塩に使用する燃料用の木材と考えられる。つまりこの相論《そうろん》から、製塩のために山々の木の伐採が進み、伐採した場所が木場＝木庭(焼畑)として耕地化するという開発の過程が明らかになる。

一四二八(正長《しょうちょう》元)年、宗貞盛の使者宗太郎は、魚・塩をもって穀物を購入したい旨を朝鮮に請い、許された。対馬島内で生産された塩は、島内の需要分を満たすだけでなく、朝鮮に交易品として輸出されたことがわかる。塩と魚が

▼**平民的海民**　生産手段を自分で所有する百姓身分の海民をこのように呼ぶ。

▼**下人・所従的海民**　生産手段を自分でもたず、領主が所有する生産手段によって漁業などを行った海民をいう。

▼**少弐頼尚**　南北朝時代の武将。室町幕府方として活動し、筑前・豊前・対馬・肥後などの守護に任命された。その後、足利直冬《ただふゆ》に従い、南朝方にも与《くみ》した。一三五九(延文《えんぶん》四・正平《しょうへい》十四)年、幕府方に戻る。

●——対馬・浅茅湾

穀物を輸入するための対価となったのである。こうした事実に対応する史料が対馬の中世文書のなかにも残っている。宗氏の知行政策としての諸課役免除の史料のなかに、「しほはん」「しほ判」「塩判」という語句がよくでてくる。これはさきに述べたように、塩を島外に搬出することを許可する島主の証明書、あるいは対馬から島外に塩を搬出する船にかかる税と考えられている。したがって、これを給与された、あるいは免除された家臣は、塩の生産・流通に直接・間接に関与していた。とくに「塩判」のなかには、「高麗塩判」という朝鮮へ輸出する塩の史料もあり、さきの宗太郎の事例を裏づけている。中世において対馬沿岸に広範に塩屋・塩竈が設置されたのは、その交易を主たる目的としたからであろう。

## 多様な漁業

四方を海に囲まれた対馬は、現在でも漁業が盛んである。中世における対馬の漁業には、網によるもの、釣りによるもの、潜水によるものがあった。大山小田氏《おだし》は、浅茅湾の東端に位置する与良郡大山を根拠地として、その周辺の土

●——対馬・大山浦

▼**弁済使**　国衙《こくが》領や荘園におかれ、年貢の徴収を担った人。また、農業や漁業の指揮者を「べんざし」と称した。



地を領有した在地領主である。その家文書には漁業関係史料が多く、対馬の海の領主を代表する存在である。

一三二七(嘉暦《かりゃく》元)年、対馬守護少弐氏の家臣と考えられる者が、大山氏が「年々の網の用途(税)として毎年二〇貫文を守護に納入していたが、現在は網一帖しか操業していないので、一〇貫文のほかは納入しがたい」と少弐氏に訴えたので、少弐氏はその主張を認めた。少弐氏は、対馬の海民が所有し、操業中である網に対し、一帖につき一〇貫文の税を賦課していた。このことから、当時の対馬の網漁は、一帖につき年間一〇貫文以上に相当する漁獲があったと推定される。

十四世紀半ば、大山氏は、漁業組織の長である弁済使《べんざいし》▲と実際に網漁に従事する網人の計一〇人を、宗宗慶《そうけい》からあずけられた。大山氏の漁業経営は、網を所有し、弁済使・網人という専業的海民をかかえてのものであったことが判明する。

海の領主である大山氏は、漁獲に対する税の徴収も命じられている。一四〇四(応永十一)年の文書に、「八かい《(海)》の大もの丶たち候する時、いかにもふさたな《(無沙汰)》

くとりさた《取沙汰》あるへく候」、「おなしくいるか《海豚》の物の事、十こん二五こん《喉》ハくはう《公方》もの《物》たるへく候」とある。「八海」とは、対馬八郡の海すなわち対馬全島の海域という意味である。「大もの」とは、鮪などの大型魚と考えられる。「こん」は魚を数える単位で、『平治《へいじ》物語』にもでてくるような古い言葉であるが、対馬では現在も使用されている。海豚《いるか》は一〇喉のうち五喉は「くはうもの」としている。公方物とは島主への上納物であろう。つまり、海豚は漁獲高の五割は島主に上納することになっていた。海豚について「おなしく」という表現をしていることから、「大もの」の取沙汰とは、「大もの」の漁獲高の一部の徴収・上納を意味すると考えられる。大山氏は、みずから漁業経営を行う一方で、対馬全海域における「大もの」・海豚の上納分の徴収を行ったのである。宗氏の島内支配権の強化によって、大山氏が宗氏の家臣となった結果、こうした役割があたえられたのであろう。

室町時代の大山氏は対馬と朝鮮および九州との交易にも関与した。また、海の領主としての大山氏は、在地領主としてのもう一つの側面すなわち軍事的性格を有していた。大山氏が有した軍事力は、水軍力が中心であった。一五一〇

（永正七）年の三浦の乱のとき、対馬島兵は下島西海岸の尾崎《おさき》から出発した。このときの史料に、「小山の小田宮内大夫《くないたいふ》殿・同村山大膳《むらやまだいぜん》殿、船三百そう（艘）にて候」とある。この「小山」は「大山」の当て字と考えられる。当時、大山の領主たちは、「御寄合中」「老若中《ろうにゃくちゅう》」とあるように、惣《そう》的な結合をしていた。一五二一（大永《たいえい》元）年の対馬島錯乱に際しても、大山老若中は大山城において軍事的活動をしている。村山大膳も大山寄合中の一人と考えられる。三浦の乱時の船三〇〇艘がすべて大山寄合中の兵船であったとは考えられないが、大山小田氏が強力な水軍を有していたことは推定できる。

対馬の中世文書には、「かつきめ（潜女）」＝海女《あま》に関する史料も存在する。宗氏は島内の潜女に対して公事を賦課している。一四〇一（応永八）年十月十五日、宗貞茂は、小宮将監《こみやしょうげん》に対して伊奈《いな》郡早留《はやどまり》浦の代官職をあたえた。この早留浦は宗氏の直轄領であったと考えられる。この浦に関して一四〇四年の公事足《あし》百姓の注文が残っている。

この早留浦は、『海東諸国紀』に「和因都麻里《はいとまり》浦二十余戸」とある海村であり、この注文に書き上げられた「百姓」とは、海民的な性格をもつ住人と考えられる。

とくに、夫婦一〇組のうち、夫が「百姓」で、妻が「かつきめの百姓」という組合せが二組存在する。こうした海女は、公事をおさめる「百姓」として宗氏に把握された以外に、「かつきめの公事」をも徴収されたと思われる。

このほか、対馬の中世文書には、「釣船」「つりなとに罷出《まかりいで》候する船」といった記事があり、釣船による漁業の存在が知られる。

## 曲海士の活動

厳原《いづはら》町曲《まがり》の海士《あま》は、中世以来、対馬全海域の漁業権をもっていたことで知られる。鎌倉時代に筑前鐘崎《かねさき》(福岡県宗像《むなかた》市鐘崎)から対馬に来島したという伝承があるが、近世中期の享保《きょうほう》期にはすでに曲に定住しているという。

曲の海士にあたえられた特権は、漁業権と公事免除に分かれる。漁業権については、「つゝ《(豆酘)》のこほり《(郡)》中におゐてあミ《(網)》ひき候する事」が許されている。これに対し、別の文書では、「阿須《あず》はもとより浦々八海の事、いせんより御めん《(免)》あるうへハ、いつ方の海をもあミ《(網)》をひき候」ことが許されている。一四六三(寛正四)年の前者の文書は豆酘《つつ》郡一円の網漁の承認であり、六五(同六)年の後者の

▼**義純** 戦国末期の対馬島主宗義純。貞信《さだのぶ》とも名乗る。宗将盛の子、義智の兄。一五八〇(天正八)年、家臣に攻められ、自刃したという。

文書は「八海」すなわち対馬全海域の網漁の承認である。一見すると、網漁業権が豆酘郡から全島に拡大したようにみられるが、そうではない。後者に「いせんより御めんあるうへハ」とあるように、一四六五年以前から全島の網漁業権を認められていたのである。

一五八〇(天正八)年の文書には、「八海のうち海豚《いるか》たち候時、公領・私領によらす、にんふ(人夫)免許之事、義純▲のはんきやう(判形)の旨にまかせ候」とある。これは、海士が対馬全島の海域で海豚漁をするときには、公領・私領によらず、人夫の徴発が認められていたと解釈されている。この内容は一六二五(寛永《かんえい》二)年にも確認されている。なお公事免許に関しては、一五四八(天文十七)年に「船公事」すなわち船に対する税が免除されている。

海士の義務としては、「京進《きょうしん》の御公事」と「その外時々の御さかな」の上納があった。「京進の御公事」とは、一般的には、供御人《くごにん》などが京都の朝廷や荘園《しょうえん》領主に進める貢納を意味するが、曲海士関係の文書には京都に海産物を進上した事実は確認できず、実態は不明である。あるいは宗氏に対する海産物の上納をこのように表現したのであろうか。このほかの史料では、「御さかなの事、いかにもけんこ《（堅固）》ニほんそう《（奔走）》をいた《（致）》すへく候」、「八海にれう《（漁）》いたし、前々のことく、別而さかな地走申へき事」、「御肴之事、御用次第ニ可致馳走」などとあり、海産物の宗氏への上納がおもな義務であった。

筑前から対馬に渡海した海士たちは、対馬全海域における網漁・海豚漁などの漁業を認められ、のちには船公事も免除された。こうした特権に対する代償として、宗氏への海産物の上納が義務づけられた。こうした海士たちは、上海士・下海士に分かれ、それぞれが有力な海士に統括されていたが、時には、水軍として宗氏の軍事力の一端を担った。南北朝《なんぼくちょう》期から室町期にかけて、宗氏は筑前に進出するが、海士集団はこうした筑前進出の基盤ともなったと推定される。中世の曲海士は、宗氏への海産物の上納の義務をおう特権的な職人的海民であり、中世対馬の海民のあり方からすると、例外的な存在ということができる。

## 中世の尾崎と朝鮮

中世の尾崎地域は、応永の外寇《がいこう》の舞台として、また、一時期島主の勢力をし

対馬・尾崎

のぐほどの豪族であった早田氏の本拠地として知られている。とくに室町時代前期の早田左衛門太郎《さえもんたろう》の時代は、早田氏にとって全盛期であった。

『海東諸国紀』には、尾崎に関して五つの関係地名が登場する。地名については、「可吾沙只」が尾崎の北東に位置する「郷崎《ごうざき》」に、「阿吾頭羅可知」が尾崎の「大連河内《おおつらごうち》」に、「可里也徒」は尾崎の「仮宿《かりやど》」に、「頭知洞」は尾崎の「土寄《つちより》」に比定されている。「敏沙只浦」は尾崎の水崎《みずさき》に比定するのが妥当である。

戸数は、大連河内が一〇〇余戸、仮宿・水崎・土寄が各二〇〇余戸で、合計すると七〇〇余戸となる。『海東諸国紀』に記される対馬の集落の戸数で、最大のものは美女浦（峰郡三根《みね》）の六五〇余戸であり、沙加浦《さかうら》（峰郡佐賀《さか》）の五〇〇余戸がこれにつぐ。『海東諸国紀』の戸数と朝鮮使節の帰朝報告に記された戸数は一致しないことも多く、七〇〇余戸という数字は必ずしも正確とはいえない。しかし、この時代の尾崎地域に対馬でも最大規模の集落が存在した可能性もまた否定することはできない。後述するように、室町時代の尾崎地域は朝鮮と九州を結ぶ流通拠点の一つであったと考えられ、最大級の集落を形成する基盤は存在した。

つぎに人物についてみていこう。尾崎の地域の朝鮮通交者については、土寄の平茂続と中尾吾郎《なかおごろう》の両名が記されている。記事によれば、平茂続は倭寇《わこう》の頭《かしら》である早田(早田六郎次郎《ろくろうじろう》)の子であり、かつて朝鮮に来朝して朝鮮政府に仕え、「中枢」という官職に任じられたが、『海東諸国紀』成立当時はすでに対馬に帰国していた。平茂続すなわち早田茂続は土寄早田氏の一族で、一時期朝鮮政府に仕えた向化倭《こうかわ》であった。向化倭は、朝鮮初期の倭寇懐柔策の結果として出現したと理解されている。しかし、室町時代後期にも、この早田茂続や博多の藤安《とうやす》吉《よし》・茂村《しげむら》兄弟のように若干ながらも登場することは注目される。これはこの時期における早田一族と朝鮮との密接な関係をぬきにして考えることはできない。

二人目の中尾吾郎は早田茂続の子で、朝鮮から「護軍」という正四品《しょうしほん》の武官の官職を名目的にあたえられた受職人である。吾郎は中尾弾正《だんじょう》の養子となり、中尾姓となった。一四六八(応仁二)年に受職した。早田氏と中尾氏はともに尾崎の土寄に住む領主であるが、室町初期から同族といってもよいほどの近い関係にあった。たとえば早田左衛門太郎は「羅可温《なかお》」=中尾と称されているし、その子の一人が中尾弾正であり、左衛門太郎の子六郎次郎の子にも「梨花温」=中尾がいる。

## 早田氏の動向

対馬の早田氏は前期倭寇を代表する存在である。早田氏が対馬倭寇の統率者であり、船越《ふなこし》と土寄に拠点をもっていたこと、朝鮮初期に朝鮮に一時期帰化して向化倭となったこと、早田左衛門太郎は宗貞茂没後には島主をしのぐ勢力をもっていたこと、応永の外寇後、朝鮮との外交交渉を行ったこと、左衛門太郎の子六郎次郎は、朝鮮・琉球《りゅうきゅう》間を往来する商人として活動したこと、尾崎早田家に朝鮮国王からあたえられた告身《こくしん》▲があることなどは早くから明らかにされている。朝鮮史料から復元された系譜と、中世早田家文書の人名をどのようにつなげていくかが課題として残されている。

左衛門太郎は朝鮮に帰化して受職人となり、「林温」とも称されたが、その後対馬に帰り、対馬の豪族として活動した。左衛門太郎は、一四二八(正長元)年五月、朝鮮に対して、子を派遣して朝鮮の言語を学ばせたいと請い、許されているのは注目される。その翌月の『世宗実録』にみえる対馬島小童《しょうどう》吾都音甫侍

▼**告身**　朝鮮王朝の辞令書。受職した日本人たちも官服とともにこれを給与された。今日、対馬島人が朝鮮王朝からあたえられたものが残っている。

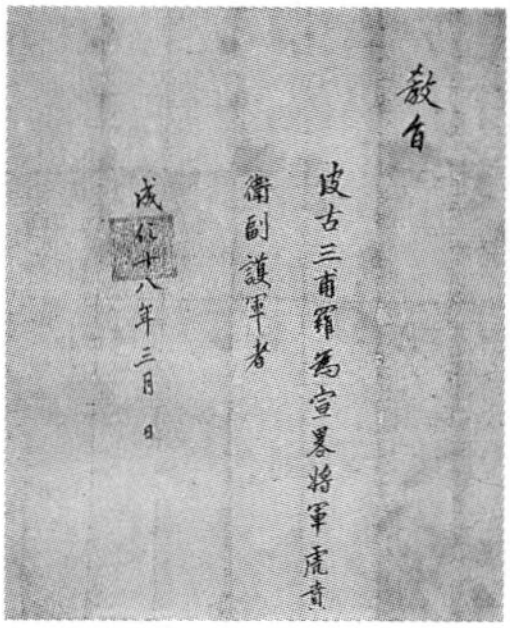


●――**告身**(複製、早田家文書)
成化十八(一四八二)年、対馬の彦三郎を副護軍に任命した文書。

が、その子であろう。左衛門太郎の時期が朝鮮通交の全盛期であり、活発な通交・外交を展開し、朝鮮人の送還、倭寇情報の通報、禁賊、日本国内事情の連絡なども行った。

左衛門太郎は一四二八年ごろ没し、その通交は子の六郎次郎(也伊知)が継承した。六郎次郎も活発な朝鮮通交を行ったが、しだいに宗氏に押されてその貿易は衰退に向かう。六郎次郎で注目されるのは、琉球にも渡海し、朝鮮—対馬—琉球という貿易ルート上で活動したことである。まさに海商というべき広範な活動を行っている。しかし、朝鮮への倭寇活動は停止していたが、明《みん》への倭寇活動は依然として行っており、平和な朝鮮通交者という姿は、実は一面的なものであった。

## 流通の拠点としての尾崎地域——「陸地・高麗の商帰朝の舟」

室町中期の早田氏の活動で注目されるのは、『世宗実録』七(一四二五＝応永三十二)年十月甲戌《こうじゅつ》条にみえる「対馬島興利《こうり》倭船《わせん》主所温田知」についての記事である。この「所温田」は早田を意味する。「対馬島興利倭船主」の早田氏は、一度朝鮮において「行販《こうはん》」＝商売に使用した「路引《ろいん》」＝渡航証明書を、不正に何度も使用しているというので、慶尚道《けいしょうどう》《キョンサンド》監司《かんし》から糾弾され、今後は一度使用した「路引」はすぐに没収するように制度が改められた。つまりこの早田氏は、いわゆる興利倭人として朝鮮で貿易を行っていたのであり、土寄もしくは船越の早田氏の一族と考えられる。

興利倭人（興利倭船）については、朝鮮に使者を派遣して貿易を行う使送倭人とは区別されていたが、朝鮮で貿易を行う日本人と漠然と考えられており、その実態は長く不明であった。対馬の漁民がみずから生産・捕獲した塩・魚をもって朝鮮の米穀と交易したのが興利倭船であり、三浦の乱までは朝鮮から公認されていたが、それ以後は禁止されたものの、興利倭船の活動はその後も続いていたことが明らかになった。早田左衛門太郎・六郎次郎父子は、朝鮮での興利活動に熱心であり、左衛門太郎の要求により、日本商船の到泊港が乃而浦《ないじほ》《ネイポ》・富山浦《ふざんほ》《プサンポ》の二港に加えて塩浦《えんぽ》《ヨンポ》が追加され、三浦が成立した。土寄早田氏は、使送倭人としての活動ばかりでなく、興利倭人としての活動も活発に行っていたのである。とすれば室町時代における早田氏と朝鮮との関係を、受図書人や受職人の側面のみで理解するのは不十分であるということになる。

一四八八(長享二)年三月、宗貞国が早田治部左衛門尉《じぶさえもんのじょう》に対して、対馬島の公事を免除した。あわせて「山手」「船之《ふねの》売口《うりくち》買口《かいくち》」「六《ろく》地《ち》舟《ぶね》公事」「高麗船之公事」などの諸公事も以前の文書にまかせて免除している。これらはいずれも島主宗氏が賦課していたものであったが、知行的な意味合いで、宗氏は早田氏に対するこれらの諸税を免除したのである。

ここで注目したいのは、「六地舟公事」と「高麗船之公事」の部分である。「六地舟」の「六地」とは九州本土のことを意味するので、「六地舟」とは、(1)九州から対馬に来た船、(2)対馬から九州に赴く船という両様の解釈が可能である。一方「高麗船之公事」の「高麗船」とは、早田氏に即して考えると、対馬から高麗(朝鮮)にいく船という解釈が妥当である。「高麗船」をこのように解釈すると、「六地舟」も(2)の解釈が妥当であることになる。いずれも派遣の主体は早田氏という解釈である。このことから、早田氏が当時、対馬島土寄を拠点として、一方では朝鮮に使船や興利船を、一方では九州におそらくは商船を派遣していたことが明らかになる。朝鮮への使船・興利船派遣は朝鮮側史料からも確認できるが、この文書は、朝鮮史料に対応するものと位置づけることができる。

室町時代の早田氏は、朝鮮のみではなく、九州本土とも交易活動を行っていたことを示した。しかし、尾崎地域においてこうした活動を行っていたのは、早田氏のみではなかった。

陸地・高麗のあきない《商》きてう《帰朝》の舟の御公事、舟のうり口かい口・人のうり口かい口・舟の山ての事、ふち《扶持》としてさしをく所也、此旨を可存知状如件、

寛正六年

九月十日　　成職

小島よりあい《寄合》中

つしま《対馬》の国よら《与良》のこほり《郡》の内つち《土》より《寄》三ヶ村よりかうらい《高麗》・六ち《地》へはたらき候するふね《船》の一俵物□・木手・山中下人立より之事、為給分宛行所也、任先例ちきやう《知行》いた《致》されへき如之《ママ》状件、

応仁元

九月廿九日

貞国(花押)

草《くさ》鹿《か》部《べ》平《へい》次《じ》郎《ろう》殿

いずれも尾崎地域の中世文書である。前者は一四六五(寛正六)年に宗成職が小島寄合中に対して諸公事を知行として免除したもの。後者は一四六七(応仁元)年に宗貞国が草鹿部平次郎に対して諸公事を給分としてあたえたもので、草鹿部平次郎はその収取権を知行としてあたえられたのである。したがって同じような表現ながら、前者と後者では諸公事との関わり方がまったく異なっている。

前者の史料では、小島寄合中が陸地(九州)と高麗(朝鮮)とのあいだに商船を往来させていたことがわかる。後者の史料は、土寄三カ村(土寄・水崎・仮宿か)から高麗・六地に渡海する船があったことを物語っている。いずれも土寄の早田氏の活動と同様の活動であったと考えられる。

室町時代の尾崎地域には、小領主たちが経営した、朝鮮・九州と往来する商船が集中していたと考えられる。この時期の尾崎地域は、朝鮮―対馬―九州を結ぶ流通の拠点であった。これが『海東諸国紀』に記された戸数の多さの原因であると考えられる。つまり朝鮮初期の懐柔政策によって、尾崎地域の倭寇たちは、少なくとも朝鮮に対しては平和な使送倭人や興利倭人に変質していった。それは早田氏に典型的にみられるように、倭寇勢力の海商化をもたらしたが、その結果として、尾崎地域は、朝鮮―対馬―九州を結ぶ流通の拠点に変化したということができる。

●―韓国・薺浦（一九九四〈平成六〉年）



## ③―三浦・後期倭寇・遺跡

### 三浦恒居倭の活動

十五・十六世紀の朝鮮で日本に対して開港された薺浦《せいほ》《チェポ》（乃而浦《ないじほ》《ネイポ》）・釜山浦《ふざんほ》《プサンポ》（富山浦）・塩浦《えんぽ》《ヨンポ》の三浦《さんぽ》には、日本の使船《しせん》や商船が入港したが、しだいに日本人が居住するようになった。三浦に居住する日本人は恒居倭《こうきょわ》と呼ばれた。三浦の恒居倭のおもな供給地は対馬《つしま》であった。対馬は耕地に乏しく、生産力が低いので、三浦に活路を求めた島民も多かった。

恒居倭が増加したため、一四三六（永享《えいきょう》八）年、世宗《せいそう》は対馬島主宗貞盛《そうさだもり》に対して恒居倭を対馬に送還するように要請した。宗貞盛は、管下の六〇人だけの居住を認めるように望んだが、結果的に、薺浦二五三人・塩浦九〇人・釜山浦二九人の恒居倭が対馬に送還され、二〇六人の居住が認められた。しかし、その後も恒居倭が増え続けたため、朝鮮はしばしばその送還を対馬島主に要求した。この三浦居住を許された「六十人」が近世対馬藩の朝鮮貿易商人「六十人」の源流であるとされる。

●——韓国・薺浦の倭館跡

朝鮮はたびたび恒居倭の人口調査を行っている。これによると、もっとも多いときで、約五〇〇戸・三〇〇〇人の恒居倭がいた。詳しい統計が残る一四七五(文明《ぶんめい》七)年三月の数を表にしたのが次ページ表である。この表によると、三浦恒居倭の総戸数は四三〇戸で、総人口は二二〇九人であった。三浦のなかでは、薺浦がもっとも人口が多い。男女ほぼ同数であり、年少の者から老人までいることは、家族単位での居住であることを意味する。貿易のための一時居住ではなく、むしろ移住と考えたほうがよい。さらに、寺院が一五カ寺もあることは、日本の生活文化までも移入されたことを示している。

この年の十二月、対馬に送還された恒居倭は、薺浦二六戸・釜山浦五戸・塩浦一三戸の計四四戸・一〇〇人にすぎなかった。朝鮮側の送還交渉は、容易に進展しなかった。

対馬から三浦に移り住んだ恒居倭の活動の中心は漁業と交易であった。対馬の漁船は、当初、商船にまじって朝鮮近海で自由に漁業を行っていた。その後、商船の入港が薺浦・釜山浦の二港に限定されると、漁船の活動もこの二港の周辺に限られ、のちに塩浦が追加されると、三浦の近海に限られた。三浦の乱直

●──1475(文明７)年の恒居倭数

| 浦 | 戸数 | 寺数 | 人口 | 壮男 | 壮女 | 老男 | 老女 | 弱男 | 弱女 | 老僧 | 壮僧 | 弱僧 |
|---|---|---|---|---|---|---|---|---|---|---|---|---|
| 釜山浦 | 88 | 3 | 350 | 125 | 132 | 6 | 8 | 40 | 34 | | 5 | |
| 薺　浦 | 308 | 11 | 1,731 | 607 | 605 | 33 | 19 | 234 | 187 | | 41 | 5 |
| 塩　浦 | 34 | 1 | 128 | 42 | 43 | 8 | 8 | 14 | 12 | 1 | | |
| 小　計 | 430 | 15 | 2,209 | 774 | 780 | 47 | 35 | 288 | 233 | 1 | 46 | 5 |

＊戸数は寺数を含む(『成宗実録』６年３月辛亥条より)。

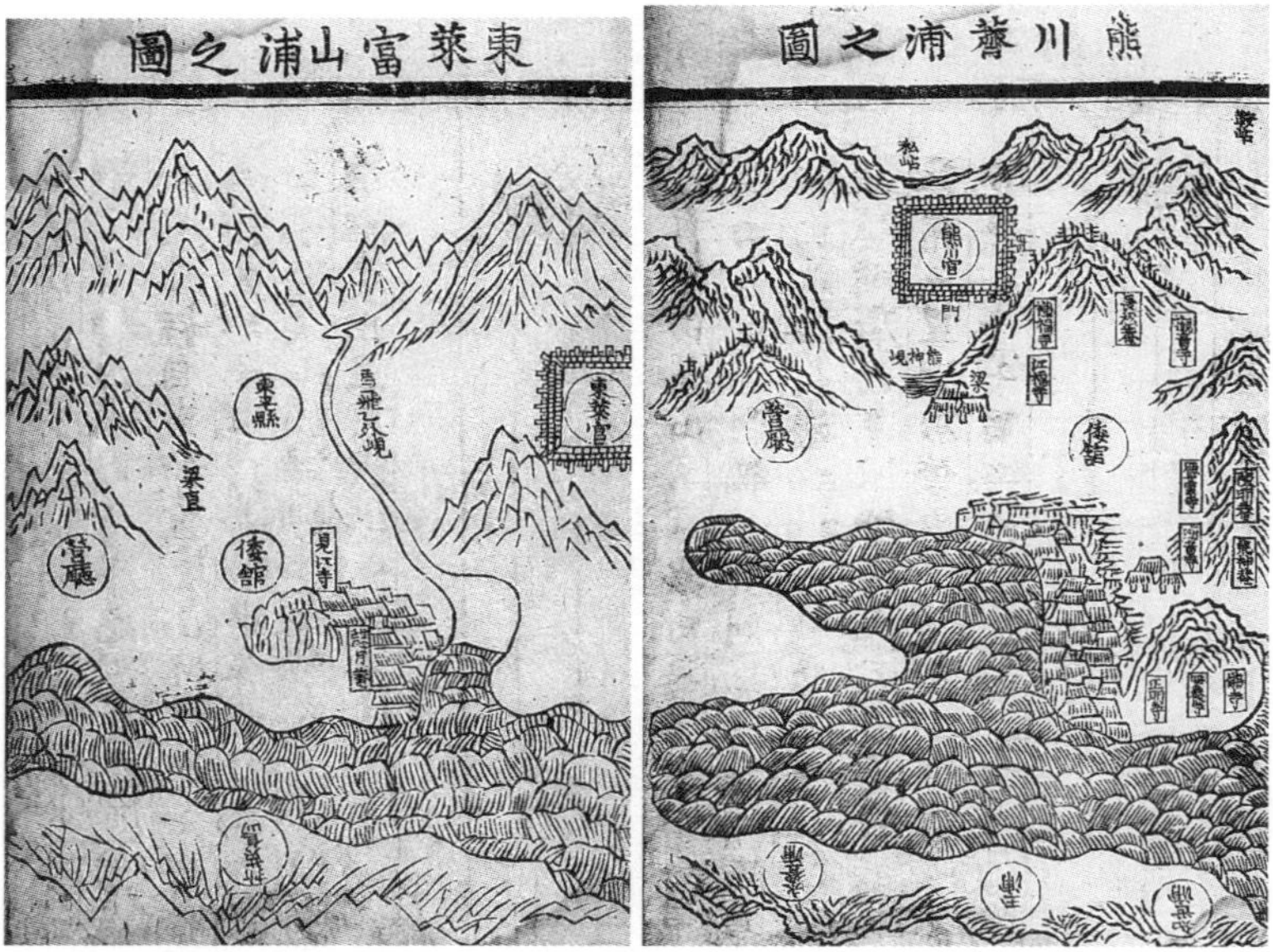


●──『海東諸国紀』三浦の図(富山浦・薺浦)

●──韓国・薺浦(2001〈平成13〉年)

後の一五一一(永正《えいしょう》八)年十二月でさえ、対馬の漁船約一〇〇艘が朝鮮に渡っているように、多数の対馬漁船が、漁業や漁獲物の販売のために朝鮮へいっていた。

対馬の漁船は、一四四一(嘉吉《かきつ》元)年に全羅道《ぜんらどう》《チョルラド》孤草島《こそうとう》《コチョド》近海への出漁権を獲得し、その活動範囲を拡大したが、三浦の恒居倭たちも、三浦近海で釣魚や海草の採取を行うようになった。朝鮮は、水軍の監視のもとで決められた海域での漁業を許していたが、恒居倭のなかには、海域外で密漁をする者も多かった。

恒居倭たちの交易活動は活発であった。十五世紀中ごろの薺浦の恒居倭には商人が多く、朝鮮の人びとと魚や塩の交易をする一方で、密貿易をする者があとをたたなかった。朝鮮政府は、三浦の倭人居住区の周囲を障壁で囲んだり、関門を設けたり、さらに密貿易の禁令をだしたりして、恒居倭と現地人の交流を断絶しようとしたが、密貿易は拡大する一方であった。

三浦には、恒居倭が耕作する「倭田《わでん》」があり、朝鮮政府の租税は免除されていた。さらに、恒居倭の耕作する田は、倭人《わじん》居留地以外にも広がりつつあった。

一四六九(文明元)年に朝鮮に渡航した対馬の平茂続《たいらのしげつぐ》は、三浦に滞在して船を

「私造」している。三浦には、恒居倭が所有する多数の船があったが、造船施設と船大工も存在したようである。以上のような三浦のあり方は、村井章介氏が指摘するように中世都市というにふさわしい状況であった。

## 対馬と三浦

三浦の恒居倭は、対馬島主宗氏の支配下にあった。十五世紀後半には、対馬豊崎《とよさき》郡大浦《おおうら》の皮古汝文(彦左衛門《ひこざえもん》)が三浦恒居倭を「総治」していたし、宗国幸《くにゆき》は一四七一(文明三)年に宗貞国《さだくに》の使者として朝鮮に渡り、あわせて三浦を監察した。また宗氏は、三浦の代官《だいかん》として家臣《かしん》の立石氏《たていしし》をおき、恒居倭の支配と収税、さらにはその送還などの交渉を行わせている。

このような対馬と三浦の関係上、対馬の中世文書のなかには、三浦関係の記事が散見する。一四四九(宝徳《ほうとく》元)年ごろ、「しかゑもん四郎」(志賀右衛門四郎か)という対馬の人物が、「かうらい《(高麗)》うるしゆう」(=塩浦)に渡海した。「しかゑもん四郎」は、対馬から塩浦に移住したものと考えられる。その年の六月二十四日、対馬島主宗貞盛は、豊崎郡大浦の領主《りょうしゅ》宗伯耆守《ほうきのかみ》に対して「しかゑもん四郎」の「くはう」を勤仕するように申し付けよと命じた。「くはう」とは、宗氏がかけた税の一種と考えられる。こうした命令は、対馬の宗伯耆守と塩浦の「しかゑもん四郎」とのつながりなしには成り立たない。三浦の恒居倭は、対馬との関係をなんらかの形で維持していたと考えられる。

十五世紀中ごろ、対馬守護代《しゅごだい》宗盛直《もりなお》▲は、「こもかい地下同心《じげどうしん》」に対して、「こもかいの浦中のふね」をすべて対馬に渡海させるよう命じた。「こもかい」とは、対馬では「薦浦《こもうら》」とも書くが、薺浦のことである。宗氏がなぜ薺浦の船をすべて対馬に渡海させる必要があったのか、詳しい事情は不明である。あるいは応仁《おうにん》の乱《らん》時の九州出兵の準備のためかもしれない。この文書のなかで盛直は、命令に背いた者については、「三浦において向後《きょうこう》をかれましく候」と述べている。宗氏の命令に背く者は、三浦から追放するというのである。宗氏は三浦に対して検断権《けんだんけん》をもっていたが、この文書は、宗氏の三浦に対する意識をよくあらわしている。一四四九年三月、某寺の僧が千部経《せんぶきょう》を入手するための勧進《かんじん》を目的に三浦に渡海した。このとき、宗氏は、三浦の日本人や使船・商船へ勧進に応じるように命じている。一四五一(宝徳三)年正月、対馬の峯《みね》権現の社壇造営の勧進

▼**宗盛直**　室町時代末期の対馬守護代。守護代宗茂直の子。一四六七(応仁元)年、少弐教頼《のりより》とともに筑前に渡り、大内氏《おおうちし》の軍勢と戦い、敗死した。

のため、宮司美濃坊《みのぼう》が三浦に渡海した。宗氏はこのとき、三浦の「百しやう(姓)」や使船に対して、勧進に応じるように命じた。対馬の寺社の造営や経典入手のための勧進は、対馬島内ばかりでなく、三浦でも行われていたのである。勧進僧たちは、島主の許可と文引をえて、三浦に渡海したにちがいない。三浦は、対馬社会の延長上にあったのである。

こうした三浦恒居倭の活動に関して、興味深い史料が安芸《あき》の大願寺文書《だいがんじもんじょ》に残っている。

ほうらいふさん浦粟屋太郎右衛門《あわやたろうえもん》

一、廻廊一間《かいろういっけん》檀那

明応《めいおう》五丙辰《へいしん》歳九月廿六日　国久《くにひさ》判

この史料は、一四九六(明応五)年九月二十六日に、「ほうらいふさん浦」の粟屋太郎右衛門国久が、安芸厳島《いつくしま》神社に廻廊一間を寄進したことを示している。「ほうらい」は「かうらい(高麗)」すなわち朝鮮の誤りと考えられる。「ふさん浦」は三浦のなかの釜山浦である。したがって、粟屋国久は、釜山浦に居住する恒居倭と考えることができる。

では、三浦恒居倭の粟屋国久は、どのような事情で厳島神社に廻廊を寄進したのだろうか。この行為が国久の厳島神社に対する信仰の表れであることはまちがいないが、信仰のためだけで厳島に赴いたのではないだろう。おそらく、国久は、釜山浦居住の商人であり、釜山浦から瀬戸内海をへて畿内《きない》と直接に商取引を行っていたと考えられる。国久は、瀬戸内海を航行する途中、海上守護神をまつる厳島神社に航海安全などを祈願して、廻廊を寄進したものであろう。この断片的な史料から、三浦から対馬・瀬戸内海をへて畿内にいたる海上ルートの存在と、そこで活動する商人の姿を推測することができる。

一四九七(明応六)年正月、日本人の僧雪明《せつみょう》が朝鮮の礼曹《れいそう》に次のように願い出た。「私は日本国博多島の人である。私が一四歳のとき、対馬の次郎四郎《じろうしろう》が博多にやって来て、私に次のようにいった。『もし朝鮮にいけば、衣食は支給され、官職ももらえる』と。私と仲間六人は彼のいうことを喜んで聞き、一四七四(文明六)年正月、彼に従って薺浦にやって来た。次郎四郎は、私と仲間たちを恒居倭に売った。私は奴隷としての務めがいやだったので、髪を剃り、僧となって朝鮮国の諸山をあまねくみた。たまたま朝鮮の国法で僧を禁止することがたいへん厳しくなったので、髪を伸ばし、俗人となり、恒居倭の次郎太郎の家に寄寓しているが、故郷の博多に帰りたい」と。しかし、雪明が全国をくまなくまわり、朝鮮の山川の険しさや民間の細々したことまでよく知っているので、日本に帰すのはよくないと朝鮮側から判断され、帰国は認められなかった。

博多出身の雪明は二〇年以上にもわたって朝鮮国内を行脚《あんぎゃ》したのである。この事例は、たまたま雪明が朝鮮の礼曹に帰国を申し出たため、記録に残り、結果的に『朝鮮王朝実録(燕山君日記《えんざんくんにっき》)』に記されたのである。雪明がこのような申請をしなければ、記録は残らず、歴史のなかに埋もれていただろう。博多の住人が対馬人の甘言に乗り、三浦にいって事件に遭遇したのはこの事例だけではないだろう。この対馬の次郎四郎は、朝鮮三浦—対馬—博多という交易ルート上で活動していた商人であると考えられる。人身売買にもかかわったのである。

## 三浦恒居倭の終焉

三浦における恒居倭の活動は、朝鮮側の意に反して拡大する傾向にあった。恒居倭の数は増大し、その活動も許容されたものから密漁・密貿易といった非

●—韓国・釜山の子城台

合法的な方向へと進んでいく。三浦が都市的発展をとげるにつれて、朝鮮側の恒居倭への圧迫も強くならざるをえない。こうした矛盾が爆発したのが、一五一〇年四月の三浦の乱である。朝鮮側の圧迫に反発した恒居倭が、対馬宗氏の援助をえて反乱を起こしたのである。この反乱はすぐに鎮圧され、対馬と朝鮮の関係は断絶した。

その後、関係復活交渉が行われ、一五一二(永正九)年に壬申約条《じんしんやくじょう》が結ばれ、関係は修復された。しかし、この約条は、島主の歳遣船《さいけんせん》が五〇船から二五船に半減するなど、対馬にとって厳しい内容であった。この約条の第一条で、日本人の三浦居住が禁止された。さらに第八条では、対馬からの往来は薺浦一港に制限されることになった。こうして一〇〇年近くにわたって日本船の入港地であった三浦は、一港のみに限定され、三浦恒居倭も断絶するにいたったのである。

塩浦は現在の蔚山《うるさん》市内であるが、工業地化によって大きく景観が変わり、古い景観はまったく残っていない。釜山浦は現在の釜山市内であるが、これまた都市開発のため、景観が大きく変わっている。『海東諸国紀《かいとうしょこくき》』の地図(七〇ページ

●—韓国・釜山の子城台周辺

写真参照）によると、小高い丘陵の側に釜山の倭館《わかん》と日本人町や寺院が記されている。この丘陵は、朝鮮出兵の折、釜山倭城の出城《でじろ》が築かれた子城台《しじょうだい》であるとされている。この付近は、現在では市街地となっており、子城台の丘陵以外にはまったく面影が残っていない。

これに対して、熊川《ゆうせん》《ウンチョン》の薺浦には、『海東諸国紀』の地図（七〇ページ写真参照）のような古い景観が残っていた。峠から薺浦にいたる坂の中腹には、倭館の跡と考えられる段々畑があり、古そうな石垣が残っている。瓦《かわら》や陶磁器《とうじき》も出土している。しかし、近年、薺浦周辺で大型の港湾開発が始まり、かつて恒居倭たちが活動していた対岸の島とも埋立てによって陸続きになった。湾内の発掘調査によって、壬辰倭乱時につくられたという防禦のための逆茂木《さかもぎ》が出土した。

## 後期倭寇の活動

後期倭寇《わこう》の主体であった中国（明）海商は、日明間《にちみん》の密貿易商人という性格と海賊という性格の両方を有していた。彼らが日本に来て日本人と接触をするようになるのは、十六世紀半ば近くである。日明勘合《かんごう》貿易の最末期にあたる時期

▼**王直**　明の密貿易商人で後期倭寇の頭目《とうもく》。種子島《たねがしま》への鉄砲伝来にも関与した。五島《ごとう》や平戸に拠点があり、博多商人や大名とも関係をもった。一五五七年、明に投降したが、二年後に殺された。

●——**五島福江に残る王直ゆかりの井戸**

である。朝鮮に赴いた対馬宗氏の使者調久《しげひさ》が、後期倭寇の代表的人物である王《おう》直《ちょく》▲について「始めは買売をもって日本に来る。すなわち賊倭《ぞくわ》と結び、来住して賊をなす」と述べているのは、中国(明)海商の一般的なパターンであったと考えられる。

明海商の密貿易船は、九州ばかりではなく、瀬戸内・山陰や関東・北陸といった日本各地に来航した。こうした地域で彼らは、日本の商人や海上勢力と結びつくことが多く、一方では貿易をしながら、一方では日本人を引きつれて明や朝鮮を襲撃した。たとえば、王直とならぶ中国海商の徐海《じょかい》は、和泉《いずみ》・薩摩《さつま》・肥前《ひぜん》・肥後《ひご》・摂津《せっつ》・対馬の日本人を率いて明を襲撃しているし、陳東《ちんとう》は、肥前・筑前《ちくぜん》・豊後《ぶんご》・和泉・博多・紀伊《きい》の日本人を率いて明を襲撃したという。こうした中国海商は十六世紀後半の対馬にも住み着き、「華人多く雑居」という状況になっていた。一五八二(天正十《てんしょう》)年には、曽六哥《そろっか》という福建省漳州《ふっけんしょうしょうしゅう》出身の中国人が対馬に居住し、蘇八《そはち》という中国人を買いとっている。曽六哥はまさに後期倭寇の一人であり、中国の被虜人の売買も行っていたのである。

一五六一(永禄四《えいろく》)年ごろ、対馬守護代宗盛円は、壱岐島《いきのしま》住人の対馬に対する五つの非法行為を指摘した。そのなかで壱岐の和多良津《わたらづ》（渡良津《わたら》）の船が朝鮮を襲撃していると述べている。壱岐島住人の倭寇化がうかがわれる。さらに宗盛円は、壱岐の住人が、対馬の田舎の沿岸部の作物を荒らすこと、および対馬の男女を拘引し連れ渡ることを指摘している。食料の入手と人の略奪が壱岐倭寇の目的であった。

一五六〇（永禄三）年、対馬島主宗晴康《はるやす》は、対馬豊崎郡大浦村の国人《こくじん》に対して、「其村々の者とも何もははん（八幡）に望候由聞及候、先年も其郡の者とも、こさかし（小賢）く候もの共たふん（多分）渡候、ついに行方しらす候」、「一人もわたり候へは、自然少《すこし》之しやハせ（幸）も候て、帰国候へは、うらやみ候て、身にあつかうよし聞及候」と述べている。対馬北端に近い大浦村の住民が、「ははん」すなわち倭寇として島外で活動し、それを地域の住民がうらやむ傾向さえあったことを示している。宗晴康は、「大唐へおもひたち候するもの（者）の跡」は、その者に実子があってもこれを没収し、「奉公けたい（懈怠）なきやうに候する者」にあたえると明言している。倭寇化した住民の知行地や耕作地は没収するという厳しい罰則を適用しなければ、住民の倭寇化を防ぐことが困難であったのである。当時、朝鮮に倭寇情報を流し、かつ、みずからも倭寇撃退策を講じていた対馬でさえ、こうした状況であった。

宗盛長《もりなが》▲書契《しょけい》によると、倭寇たちの行状を「州郡の珍宝を奪い取り、貴人の子孫を剽掠《ひょうりゃく》す」と記している。珍宝を奪取するというのは、海賊の一般的な活動パターンであるが、貴人の子孫の剽掠すなわち人の拘引が注目される。同時代の対馬側史料でも、「あるいは村を損ない、あるいは人を引かれ」、「人の一人もひかれ」、「あるいハ人をひかれ、或ハふなかゝり《(船掛)》なとあらし候ハぬやうに」のような、海賊による人拘引の記事が散見する。後期倭寇も前期倭寇と同様、現地人の略奪を活発に行っていたのである。

対馬宗氏がもっとも恐れたことは、「賊船しのひ《(忍)》〳〵朝鮮帰朝の船をうはい《(奪)》候事」であった。倭寇からみると、こうした貿易船は格好の標的であったと考えられるが、宗氏の歳遣船・特送船《とくそうせん》は警備が厳重であったためか、倭寇が襲ったという記事はみあたらない。「船掛」すなわち船の停泊所や船自体も倭寇の標的であった。のちに示すように、宗一鷗《いちおう》(義調《よししげ》)▲が船の用心について事細かに指示しているのは、人の略奪とともに、船の略奪も日常的であったことを物語っ

▼**宗盛長**　戦国時代の対馬島主。仁位《にい》郡主宗盛家《もりいえ》の子。宗義盛《よしもり》ののち、島主となる。家臣の反乱が起こり、治世は安定しなかった。その死後にも、対馬島主は盛長の名前で朝鮮に通交し続けた。

▼**宗一鷗**　対馬島主宗義調の法名。一鷗の名でも多くの文書をだしている。

ている。

## 対馬宗氏の朝鮮政策

三浦の乱後の壬申約条では、歳遣船も歳賜米豆も半減され、特送船も廃止された。三浦への日本人の居住も禁止され、日本船の到泊する港は、薺浦一港に限定された。朝鮮貿易を生命線とする対馬にとって、これは死活問題であった。対馬宗氏はその打開策として、一方では壬申約条を癸亥《きがい》約条の内容に復する外交交渉を行い、一方では大量の偽使《ぎし》を創出し、権益の復活をめざした。

一五二一(大永《たいえい》元)年には、宗氏の要請によって、日本船の入港する港が薺浦と釜山浦の二浦に増加した。一五二三(大永三)年には、壬申約条の歳遣船に五船の増加が認められ、三〇船となった。しかし、一五四四(天文《てんぶん》十三)年には、朝鮮南岸の慶尚道《けいしょうどう》《キョンサンド》蛇梁《だりょう》《サリャン》を日本人が襲撃し、対馬と朝鮮の関係はふたたび断絶した。これを蛇梁の倭変《わへん》という。この変の実態はわからない点が多いが、対馬島主宗氏が主体となって起こした争乱であることは対馬側の史料からまちがいない。島主宗晴康は、「さてもこんと《(今度)》かの国へちとしさい《(子細)》候て、おの〱

ひやうちやう（評定）候て兵船をわたし候」と述べており、「子細」つまり出兵の理由は不明であるが、宗氏側が評定《ひょうじょう》をして兵船を朝鮮に渡すことを決定したことがわかる。晴康は、今回は朝鮮へ渡っても、「おかのはたらき」＝陸上での合戦はしないようにと指示していたが、結局合戦となり、結果的に外交関係の断絶となった。復活交渉の停滞への不満が出兵の背景にあると考えられる。

一五四七（天文十六）年に宗氏が仕立てた日本国王使が交渉した結果、丁未《ていび》約条が成立し、対馬島主の歳遣船二五船が復活した。内訳は、大船九船・中船八船・小船八船と決められた。五〇年以前の受図書《じゅとしょ》・受職《じゅしょく》は、壬申約条に従って接待しないということになった。また日本船の入港する港は釜山浦のみとなった。これが近世の釜山倭館へとつながるのである。その後、達梁《たつりょう》《ダルリャン》の倭変をへて、一五五七（弘治《こうじ》三）年に丁巳《ていし》約条が結ばれ、島主歳遣船五船が追加され、計三〇船になった。これが文禄《ぶんろく》の役《えき》まで基本的に維持された。

こうした偽日本国王使を使っての約条改訂・関係復活交渉とともに、宗氏が行ったのが、対馬島以外の者（深処倭《しんしょわ》）名義の通交権復活交渉であった。一五六三（永禄六）年や六七（同十）年などに順次復活が認められ、宗氏による偽使とし

▼「朝鮮送使国次之書契覚」　戦国末期の対馬宗氏の史料。「宗左衛門大夫覚書」「印冠之跡付」を含む。この時期における日朝関係の基本史料の一つ。

ての深処倭の使船が朝鮮に続々と渡海した。こうした偽使船の経営を宗氏がどのように家臣や貿易商人にまかせたかは、「朝鮮《ちょうせん》送使《そうし》国次《くになみ》之《の》書契《しょけい》覚《おぼえ》」▲という史料に詳しい。

宗氏が朝鮮権益の復旧を実現し、かつ朝鮮貿易を独占するためには、なによりも朝鮮側の歓心を買う必要があった。そのために宗氏は朝鮮人漂流民を手厚く送還したり、朝鮮側の通交面での要求に忠実に応える努力を行い、さらに朝鮮側の必要とする情報その他の入手に奔走した。宗氏は後期倭寇に関する情報を朝鮮側が欲していると考えた。たとえば、一五五二(天文二十一)年閏三月、対馬島主「宗盛長《もりなが》」は、次のような内容の書契を朝鮮の礼曹に送った。

近年は西戎《せいじゅう》蜂起し、唐商《とうしょう》と合力《ごうりき》同心して、大明に賊し、州郡の珍宝を奪い取り、貴人の子孫を剽掠す。毎歳、この旨を陳《の》ぶといえども、臣等の言をもって譸張《ちゅうちょう》となすは慚愧《ざんき》なり。近年、貴浦の安平なるは臣等の力なり。承り聞く、今年また西戎数千艘、大明に赴くなり。伏して言う。堅く下《か》勅《ちょく》し、貴浦の辺疆を護るべきものなり。今、日本の望むところ、悉《ことごと》く許容を賜らば、すなわち臣等快心して島を守り、西海を鎮め、忠節を括るべ

▼西戎　本来は西方の蛮族《ばんぞく》をさす。あるいは西洋人を意識して使用されたものか。この時期、西洋人と中国人海商が共同で朝鮮を襲撃したという形跡はない。





きなり、

当時すでに宗盛長は没しており、島主は二代後の宗晴康であった。対馬側は島主の名前そのものさえ偽っているのである。この書契から、宗氏は、「西戎▲」が明商人と合力して中国を襲撃しているから、朝鮮でも沿海部の防備を固めるように進言しているのであるが、朝鮮側はそれを誇張だとして信用しなかったことがわかる。宗氏は、みずからの努力によって朝鮮沿岸の平安が保たれていると主張し、日本側の要望を聞くように述べているのである。この当時の日本国王使は、宗氏による偽使であったから、日本側の要望とは、対馬側の通交貿易拡大の要望であった。倭寇情報の伝達と対馬近海における倭寇の防御努力というのが、朝鮮の歓心を買うための対馬側の方策であった。書契中にもあるように、当初、朝鮮側は宗氏側の努力と伝達された情報をまったく評価しなかった。しかし、宗氏の情報どおり、倭寇が朝鮮沿海をかすめたり、直接に朝鮮を襲撃するようになった。また倭寇の活動と並行して、「荒唐船《こうとうせん》」という国籍不明船の活動も活発化する。

朝鮮はしだいに宗氏の情報の正確さを認識するようになる。一五五四年ごろから、「対馬島主の書契、虚ならざるに似る」(対馬島主の書契は嘘ではない)という表現がよくみられるようになる。この認識が定着し、朝鮮が対馬側の情報を評価するようになる大きな契機は、一五五五年五月の後期倭寇による朝鮮襲撃、いわゆる達梁の倭変であった。これは、同年五月十一日、倭船七〇余艘が朝鮮の全羅道達梁を襲撃した事件であり、蛇梁の倭変とは性格が異なっていた。この大規模な倭変に朝鮮側はたいへん驚き、「対馬島主の言、虚ならざるに似る也」、「島主の言、果して虚語にあらざる也」という認識が定着してくるのである。対馬宗氏はこの年の三月に、明を襲撃する日本国西戎が朝鮮沿岸を通過することを警告したばかりであった。こののち、宗氏が頻繁に倭寇情報を朝鮮に伝達したことは、「朝鮮送使国次之書契覚」に、「賊船注進短書《ぞくせんちゅうしんたんしょ》」の記事が点々とみえることからも明らかである。

## 対馬島内の防衛強化

宗氏は朝鮮に対して、朝鮮のために対馬近海を倭寇から守っていると述べているが、宗氏が倭寇対策を講じたのは、朝鮮のためだけではなかった。対馬自体が倭寇その他の襲撃にさらされていたのである。戦国後期の対馬の史料には、「賊船」に関する記事が頻繁に登場する。宗氏は、賊船すなわち倭寇の攻撃から対馬を守るため、島内の防衛体制を強化する必要があった。

宗氏は、「賊船蜂起の時分」にあたり、八郡に検使《けんし》を派遣している。検使の役割は、八郡の防備体制の調査と指揮にあったと考えられる。また、賊船が「朝鮮帰朝の船」を襲うことを宗氏はきわめて警戒していた。島主だけで年間二五隻から三〇隻の歳遣船を派遣する権利を有していたのであり、倭寇がこれに目をつけないはずはなかった。この時期、歳遣船や特送船が倭寇に襲われたという記事はみあたらないが、宗一鷗は豊崎郡長中に対して、「第一船順風次第に帰島申すべく候、その外商船帰国候する間、さ様の時、浦々のけいこ(警固)かんよふ(肝要)存候」と述べ、浦々の警固を命じている。

賊船すなわち倭寇の活動によって、宗氏は「火立《ひたて》」「道作《みちづくり》」「海辺の構《かまえ》」を豊崎郡衆に指示した。宗一鷗書状に「毎夜の火立、油断なく申さるべく候」とあるように、毎夜火立を行う必要があった。道作については、すでに晴康の時期に豊崎郡内の道普請《ふしん》・道作を行っている。道路網の整備は、八郡の防衛のためにも不可欠であった。

また、海辺の構とは、沿岸部の防備体制を意味する。一五六〇（永禄三）年閏三月、宗晴康は、豊崎郡中に対して、浦々がかねてから用心をすべきこと、楯・百矢《ひゃくや》といった武器や兵粮《ひょうろう》をたくわえておくべきことを命じている。武器・食料も、府中《ふちゅう》へ上進すべきものと在地において備えておくべきものがあった。このうち兵粮は、倭寇の略奪の対象でもあった。宗一鷗は、郡代があずかっている兵粮については、賊船の襲撃を受けやすい船着場からできるだけ離れた場所に備蓄する小屋を建てるように指示している。

対馬の集落は沿岸部に集中しているので、とくに倭寇その他の襲撃を受けやすかった。海岸部の防備には細心の注意を払わねばならなかった。宗一鷗の書状に「海賊を打留候する事ハ万一有かたく候」とあるように、軍事力を強化しても、実際に海賊を退治することは至難であった。そこで、「自然船かけ見ゑ候ハヽ、あるひハ人をひかれ、或いハふなかゝり（船掛）なとも其用心いたすへき事、申し付けらるへく候」というように、用心をすべきことと、遠見をおいて船を監視すべきことが強調される。さらに、船の用心についても細かく指示している。

夜は船の管理が重要で、大船はあらかじめ引き揚げておき、対馬の東目《ひがしめ》の船は、夜中は潮を船内に汲み入れ、「たふす」をあげておくべきだというのである。

## 対馬宗氏の情報ネットワーク——壱岐・博多・赤間関・肥前

朝鮮へ倭寇に関する正確な情報を提供するためには、情報のネットワークが必要である。宗氏は島外に、倭寇情報その他を発する拠点を有していた。

戦国時代における対馬と壱岐の関係は、比較的良好であったが、戦国時代の末期には、壱岐島住人の対馬に対する非法行為と壱岐を領有するにいたった平《ひら》戸松浦《どまつら》氏と宗氏との関係の悪化によって、微妙な関係となった。そうしたなかで、壱岐の深江《ふかえ》の商船から、壱岐船一艘が朝鮮を襲撃する、壱岐から対馬を攻撃するために兵船が渡海する、といった倭寇や壱岐の軍事情報が対馬宗氏にもたらされていたのである。商船であることから、この情報提供が対馬との商業行為の一環としてなされたものと考えられる。

対馬と博多の関係は、中世後期をとおして密接であった。朝鮮から輸入された大量の貿易品を国内市場に送り込むのは博多であったし、朝鮮への輸出品で

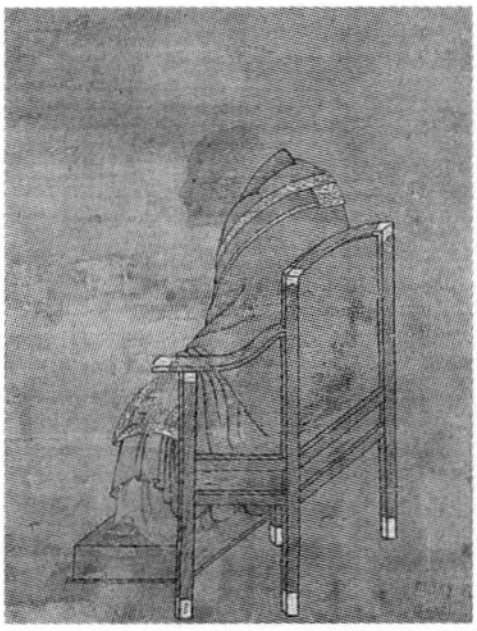
●——島井宗室画像

▼島井宗叱(宗室)　戦国末・近世初頭の博多の豪商。朝鮮貿易を行い、宗氏と関係が深く、対馬の出身という説もある。戦国大名大《おお》友《とも》氏《し》や豊臣秀吉《とよとみひでよし》とも深い関係があった。

ある南海産物資の入手も主として博多で行われたと考えられる。こうした関係によって、対馬の商船は頻繁に博多に渡海していた。こうした状況のもとで、博多から対馬への倭寇情報の伝達がなされた。某年六月の宗義調書状に、「去春以来申きたり候上そくせん《（賊船）》四五十そう《（艘）》もよほし《（催）》候、今月中旬下にくたるのよし、今月三日にはかた《（博多）》より注進候」とある。六月三日に上賊船四、五十艘の活動を知らせる注進が博多からあったのである。別の宗義調書状には、「昨日島《しま》井《い》宗叱《そうしつ》所より申渡候、上賊船四五十艘下にくたるよし申渡候、定而田舎にも可申来候、此方のものハ此島はかりの事様に申候間、定而おほつかなく心得候する、まつ壱州にもくたりたると申左右も候ハヽ、きつと申可遣候」とあり、両者の日付や内容を比較すると同一の情報であることが判明する。つまりこのときの倭寇情報の通報者は、博多商人の島井宗叱(宗室《そうしつ》)▲であった。島井氏は、対馬出身という説があるほど宗氏と関係が深く、また朝鮮貿易にも従事していた博多の豪商《ごうしょう》であるが、倭寇情報の提供をも行っていたのである。博多商人と対馬の経済的関係がこの背景にはある。

長門《ながと》赤間関《あかまのせき》(下関《しものせき》)から宗氏に海賊情報を報告する者がいた。宗一鷗書状に、

●—赤間関(下関)

「一昨晩せきおもて(関表)より申来候、海賊多々あいもよおし(相催)、壱州・対馬の間けいはう(競望)可申之由風聞候、然者、内々用心専一のよし注進候」とあるように、関表すなわち赤間関より、海賊多数が壱岐・対馬をうかがっているとの情報がはいってきている。下関には、宗一鷗が、伊藤和泉守《いずみのかみ》の賊船情報の注進に対して謝意をあらわした史料が残っている。伊藤氏は赤間関の国人であり、かつ有力商人でもあった。おそらく対馬となんらかの経済的関係があったと推定される。

こうした対馬宗氏と赤間関伊藤氏の交渉を示す史料は対馬側にも残っている。鷹を求めて来島した幕府上使《じょうし》の帰国に際して、宗義調が赤間関の伊藤佐渡守《さどのかみ》与三右衛門尉《よざえもんのじょう》父子に対し、赤間関における「取合《とりあい》」と対馬船の「帰島之儀」を依頼した宗義調書状二通である。この書状から、一五六四(永禄七)年に伊藤氏と宗義調のあいだで交渉が行われていることが確認できる。

室町期にはすでに対馬国商売船が肥前に渡航していた。その渡航地は肥前の沿岸部松浦地方であると考えられる。この対馬商船の肥前来航が戦国末期まで継続していることを示すのが、一五七六(天正四)年正月五日の波多《はた》鎮《しげる》公事《くじ》免許状である。鎮は対馬の武本左京進《たけもとさきょうのしん》に対して、自分の分領の津々浦々での諸公事を免除している。一五六〇(永禄三)年ごろ、宗義調は平戸の松浦肥前守に対し、「その境において賊船多々罷下候由その聞こえ候、是非におよばず候、御要心肝要候」と書き送っている。これは宗氏が松浦氏に倭寇情報を伝達したものであるが、肥前と対馬との密接な関係からすると、宗氏が肥前松浦地方の大名や商人から情報をえることもあったにちがいない。

以上のように、対馬宗氏は対馬を取りまく各地の人物から倭寇に関する情報を入手していた。いずれも商人が媒介となっていることが特色である。対馬の倭寇情報ネットワークは、対馬を取りまく流通網のうえに成立していたということができる。

## 中世の遺跡は語る

発掘された対馬の中世遺跡は多くはないが、それぞれが特徴的な内容をもっている。

上県町《かみあがた》佐護《さご》の大石原《おおいしばる》遺跡からは、十二世紀後半から十三世紀前半の掘立柱《ほったてばしら》

●─対馬・佐賀浦

建物がみつかった。また貿易陶磁も多数みつかった。貿易陶磁八〇%に対し、国産土器は二〇%という比率であり、圧倒的に貿易陶磁の比率が高い。貿易磁器では、中国の磁器が六七%、朝鮮半島の磁器（高麗《こうらい》・朝鮮の磁器）が三三%で、中国磁器のほうが倍近く出土している。陶器になると圧倒的に朝鮮陶器が多い。

峰《みね》町佐賀《さか》の佐賀貝塚《かいづか》は、縄文《じょうもん》時代中・後期の遺跡であるが、朝鮮初期の平瓦や朝鮮王朝陶磁・北宋銭《ほくそうせん》・朝鮮銭などの中世の遺物もわずかに出土している。この地域と朝鮮との交流が知られる。佐賀は、室町時代に島主宗氏の館《たち》（守護《しゅご》所《しょ》）がおかれた港町であり、朝鮮への渡航者に文引《ぶんいん》という渡航証明書を発行する秦盛幸《はたもりゆき》もここにいた。佐賀にある宗氏の菩提寺円通寺《えんつうじ》には、朝鮮時代の梵鐘がある。このように室町時代の佐賀は朝鮮との交流が活発な港であり、宗氏館と近い佐賀貝塚から朝鮮王朝系の遺物が出土することは当然のことである。

同じ峰町の西海岸にある海神《かいじん》神社は、対馬一宮《いちのみや》の一つである上津《かみつ》八幡宮である。ここには伝世品として高麗時代の陶磁器や優美な新羅仏《しらぎぶつ》が伝えられている。一九八七（昭和六十二）年八月、対馬地方を大型台風が襲った。このとき、海神神社境内の松の大木が倒れ、その根元から中世の遺跡が発見された。そこ

●──佐賀・円通寺

はちょうど海神神社の弥勒堂《みろくどう》があった場所だったので、弥勒堂跡遺跡と呼ばれている。

発掘の結果、多くの遺物がみつかった。十三世紀から十四世紀の遺物がもっとも多かった。貿易陶磁では、中国陶磁・朝鮮半島系陶磁が出土したが、高麗青磁《せいじ》を中心とする朝鮮半島系の陶磁器が多い。大石原遺跡の遺物と単純な比較はできないが、前代には中国物も多かったのに対し、十三世紀から十四世紀になると、朝鮮半島系のものが中心になる。

美津島《みつしま》町尾崎《おさき》の水崎《みずさき》(仮宿《かりやど》)遺跡は、『海東諸国紀』にも登場する仮宿という集落の一角に位置する。かつて倭寇の巣窟といわれた浅茅湾の西側の出入口に近い。尾崎は、倭寇首《わこうしゅ》早田《そうだ》氏《し》の本拠地があるところで、この遺跡も早田氏の活動と関連づけて理解されてきた。

現在の仮宿には民家がなく、発掘地点は畑になっていた。細い道路脇の狭い面積を掘ると、中・近世の遺構・遺物が出土した。遺物からは十五世紀前後の物が多いことがわかった。遺物で注目されるのは、貿易陶磁で、中国産の青磁・白磁《はくじ》、朝鮮王朝陶磁、東南アジア産の陶磁器、朝鮮産の無釉《むゆう》陶器などが出

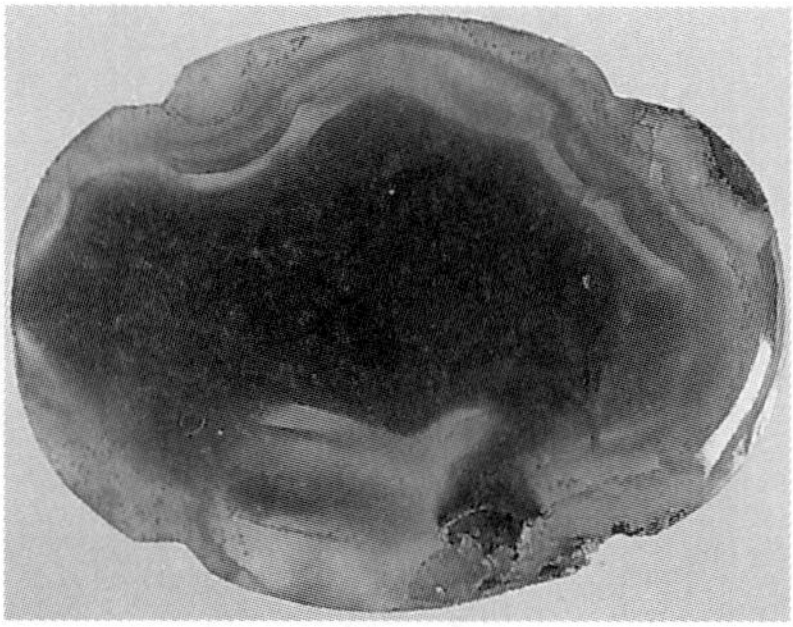

●―水崎(仮宿)遺跡出土の瑪瑙製石帯

土した。とくに朝鮮王朝陶磁(貿易陶磁全体の七〇%)が多いのが特徴である。東南アジア陶磁器は十四世紀後半から十五世紀前半のものとされている。また官人が身につける瑪瑙《めのう》製の石帯《せきたい》も出土した。これは朝鮮製と理解されているが、ここで発見された理由はよくわからない。また国内では博多遺跡群でしか発見されていない元《げん》の大型銭「大元通宝《たいげんつうほう》」をはじめとする銭も五五枚みつかっており、中世の仮宿周辺での経済活動の活発さが想像される。

こうした東南アジア陶磁器は、対馬の峰町吉田《よしだ》遺跡や壱岐の覩城《とじょう》跡でもみつかっており、北部九州海域と東南アジアが海上ルートでつながっていたことがわかる。ただしどのような形でこうした東南アジア陶磁器がこの地域にはいってきたのかは、さまざまな可能性が考えられる。まず想起されるのは倭寇たちの活動である。十四世紀後半に猛威をふるった前期倭寇は、十四世紀末から十五世紀代になると、しだいに終息し、平和な通交者に変化するとされている。関係史料をみると、十五世紀代になっても、自分たちを優遇してくれる朝鮮に対しては倭寇活動をひかえ、そうではない中国に対しては倭寇活動を継続するという形跡がある。また、十四世紀末・十五世紀初頭から琉球《りゅうきゅう》船や南蛮《なんばん》船(東

●──水崎(仮宿)遺跡

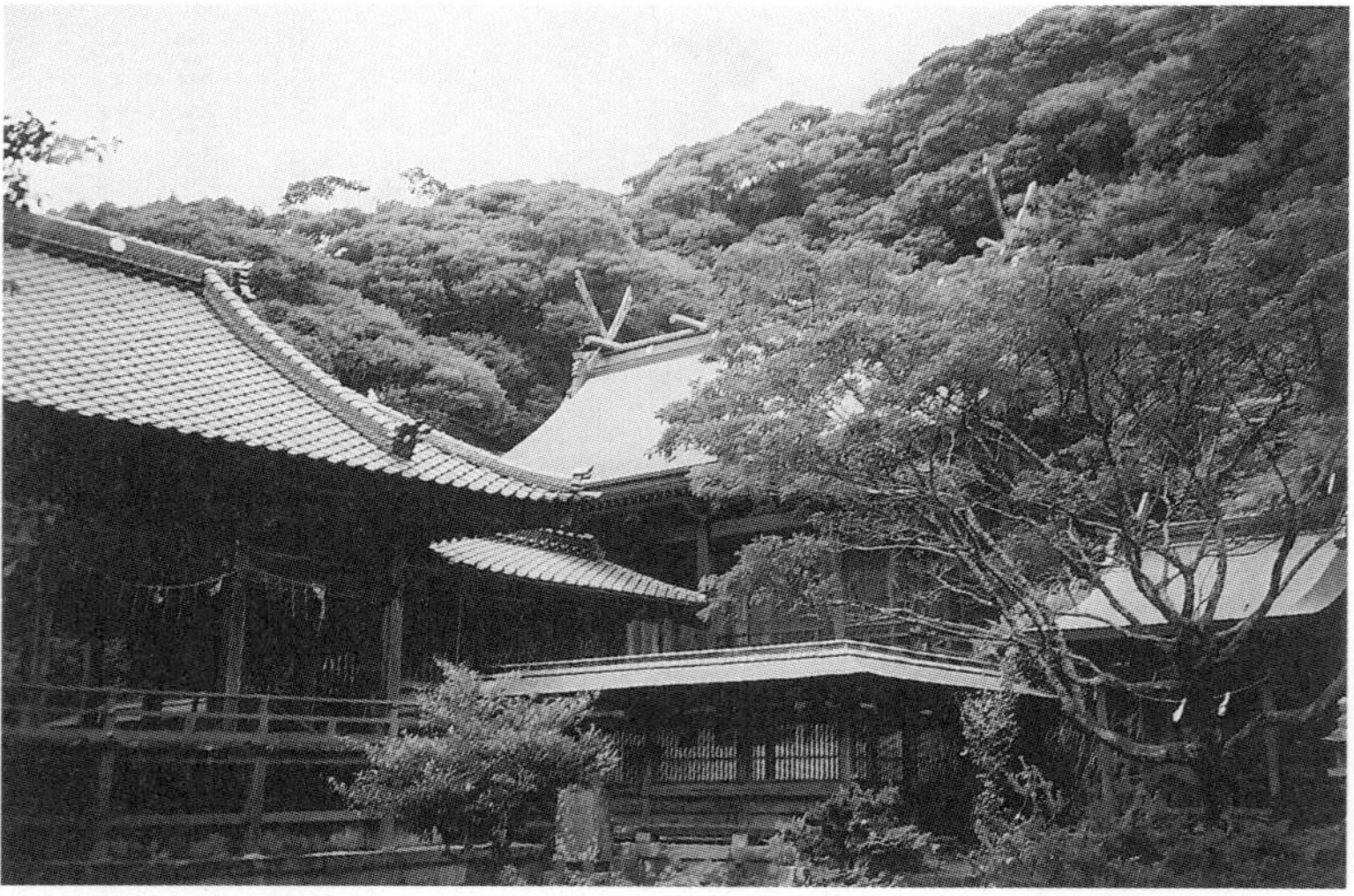

●──対馬・海神神社

●――対馬・府中(厳原)

●――水崎遺跡出土の遺物　上段は朝鮮陶磁器(14 ～ 15世紀), 中段は中国青磁(左, 14 ～ 15世紀)・中国白磁(右, 15世紀), 左は大銭「大元通宝」(1310年初鋳)。

南アジア船)の日本や朝鮮半島への来航があいつぐようになる。こうしたアジア海域における交易の広がりによって対馬・壱岐にも東南アジア陶磁器がもたらされたと考えることもできる。また、十五世紀初期に朝鮮にいった南蛮船が対馬で襲撃されるという事件が起こっている。これらの遺物は、こうした交易圏の拡大と倭寇の活動によってもたらされたとも考えられる。

## 陶磁器の意味するもの

今一つ注目されるのは、陶磁器が発見された対馬沿岸の集落の性格である。たしかに沿岸地域は倭寇の本拠地であり、とくに浅茅湾周辺はその中心であった。十五世紀代の史料によると、対馬沿海の集落の住民たちは、朝鮮半島にでかけて対馬の魚・塩を朝鮮の穀物と交換するという小規模な交易を行っていた。こうした交易船を朝鮮では興利倭船《こうりわせん》と呼んでいる。これら興利倭船には、「陸地《ろくち》・高麗《こうらい》の商《あきない》帰朝《きちょう》の舟」という語に象徴される朝鮮—対馬—九州(筑前《ちくぜん》・肥前《ひぜん》)という広い地域で交易活動をする土豪《どごう》たちがいた。早田氏・中尾《なかお》氏《し》・小島《こじま》氏《し》などである。単に食料を調達するだけならば対馬と朝鮮を往来するだけでよいが、

▼新安沈没船　韓国全羅南道新安郡の海底からみつかった貿易船。一三二三年に元から日本に向かう途中に沈没。京都の東福寺《とうふくじ》などを造営するための船とされ、多くの積荷が引き揚げられた。

●―復原された新安沈没船

その活動範囲が北部九州にまでおよんでいるということは、小規模ながら、広域の交易活動を行っていたことを示している。こうした交易活動こそ早田氏が琉球とも交易をするようになる前提になったと思われる。

府中《ふちゅう》(現在の厳原《いづはら》)でも中世遺跡の発掘調査が若干行われている。金石城《かねいしじょう》跡の調査では、朝鮮系の瓦が多く出土して注目された。対馬藩家老《かろう》の古川家《ふるかわけ》屋敷跡の調査では、十六世紀以降の遺構・遺物が多く出土したが、十五世紀以前のものは量的に多くないという。そのため、一五二八(享禄《きょうろく》元)年の金石城築城が城《じょう》下町《かまち》発展の画期になったとされている。今後の調査が期待される。

大きな流れとしては、中国陶磁優勢の時代から朝鮮陶磁優勢の時代に変化する。たとえば、中国陶磁は古くから日本向けの主要輸出品の一つであった。十二世紀初頭に博多に来航した宋《そう》船は、磁器碗四万枚・磁器皿二万枚を積んでいた。一三二三(正中《しょうちゅう》元)年に沈没した新安《しんあん》《シナン》沈没船▲は、計二万点余の中国陶磁を積んでいた。文献・考古双方の資料から、陶磁器が中国からの主要輸入品であったことがわかっている。それに対して、朝鮮陶磁は文献的にも日本への輸入品としてはみあたらない。よく登場するようになるのは、茶の湯で朝鮮陶磁が愛好される十六世紀末以降である。つまり、貿易陶磁の量は日中貿易と日朝貿易ではまったく異なっていたのである。そうすると、たとえば、ある遺跡から中国陶磁一〇個と朝鮮陶磁一個が発見されたとすると、その地点の対中国と対朝鮮の貿易量は一〇対一ではなく、一〇対一×Xということになる。よって十五世紀代の対馬の遺跡から出土する貿易陶磁全体の七〇%が朝鮮陶磁であることから、この地域が圧倒的に朝鮮貿易に傾倒していたことがわかるのである。

貿易陶磁は対外関係史研究にとっても重要な資料である。生産地と年代がわかれば、生産地と出土地とを結べばよいのだが、実はその確定はそれほど簡単ではない。出土した陶磁器にはどこを経由したかのデータがないからである。そうなると、対外関係史研究の成果に頼る必要がでてくるが、対外関係史研究でもなかなかそうした問題に対応できない。貿易陶磁の輸入や国内流通に関する史料はそれほどなく、それを明らかにするのはむずかしいからである。

## 近世へ、そして現代へ

中世対馬の朝鮮通交体制は、一五九二(文禄《ぶんろく》元)年の秀吉の朝鮮出兵(壬辰《じんしん》・丁《てい》酉倭乱《ゆうわらん》)で崩壊した。中世の対朝鮮外交・貿易において重要な位置にあり、十六世紀後半には偽使を大量につくりだして朝鮮貿易を独占しつつあった宗氏は、朝鮮出兵においては日本軍の先導者にならざるをえなかった。出兵が終ると、宗氏による朝鮮外交の復活交渉が始まった。この時、中世以来つちかわれたノウハウによって、外交文書の偽造・改作を行った。近年、科学的な調査が進み、宗氏の外交文書偽造・改ざんの手口がより明確になった。

しかしその事実は、近世日朝関係を転換させることになった柳川《やながわ》事件▲によって露呈し、江戸幕府の知るところとなった。柳川事件では、宗氏が勝利したが、

▼**柳川事件**　対馬藩主宗義成《よしなり》と家老柳川調興《しげおき》とのあいだのお家騒動。調興は宗氏が国書を改ざんしたことも幕府に訴えた。一六三五年、宗氏の勝訴で終る。

事件の決着がついた一六三五(寛永《かんえい》十二)年に以酊庵輪番制《いていあんりんばんせい》▲が開始され、幕府による監督のもと、平和な関係が長く維持された。

近代を迎えると、対馬は朝鮮外交の第一線ではなくなった。外交権が国に接収されたためである。さらに島は要塞地帯と化し、多くの軍事施設がつくられた。日露戦争の結果を左右した日本海海戦はこの対馬近海で起こった。対馬と朝鮮半島のあいだには定期航路が開かれ、多くの島民が朝鮮半島に渡った。

第二次世界大戦が終ると、対馬はふたたび国境の島になった。戦後に設定された李承晩《りしょうばん》《イスンマン》ライン▲は対馬の漁民たちを苦しめたが、一九六五(昭和四十)年の日韓条約によってそれはなくなった。しかし、高度成長にともなう過疎化と漁業・林業など第一次産業の不振によって、かつて朝鮮外交・貿易を主導した対馬は衰退し、ますます過疎化が進むという悪循環に陥っている。

二十一世紀を迎えた今日、対馬各地で韓国とのさまざまな交流が進められている。毎年夏に行われる厳原港祭り(対馬アリラン祭り)には島外や韓国から多くの観光客が訪れる。長い交流の歴史に思いをはせながら、こうした交流の進展が、かつての対馬の輝きを取り戻すきっかけになることを期待したい。



▼**以酊庵輪番制**　対馬藩の朝鮮外交を監督するため、京都五山《ござん》の僧が輪番で対馬の以酊庵に派遣された制度。一六三五年の柳川事件後に始まった。

▼**李承晩ライン**　韓国大統領李承晩が一九五二(昭和二十七)年に韓国の主権範囲として設定した朝鮮半島周辺の海域。このなかにはいった日本船が大量に拿捕《だほ》された。一九六五(昭和四十)年に撤廃された。

## ●——写真所蔵・提供者一覧(敬称略, 五十音順)

大浦一泰・国立歴史民俗博物館編『東アジア中世海道』　p. 40下, 44
九州国立博物館・長崎県立対馬歴史民俗資料館　p. 13
国立歴史民俗博物館(複製)　p. 61
佐伯哲生　カバー裏
早田和文　p. 61
対馬市教育委員会　p. 96上
対馬市教育委員会・国立歴史民俗博物館編『東アジア中世海道』
　p. 95, 97下
東京大学史料編纂所　扉, p. 18上・下, p. 34上・下, 70中
長崎県立対馬歴史民俗資料館　カバー表, p. 50
長崎県立対馬歴史民俗資料館・国立歴史民俗博物館編『東アジア中世海道』　p. 20
福岡市博物館　p. 90

美津島町文化財保護協会編『水崎(仮宿)遺跡』美津島町文化財保護委員会, 2001年
峰町教育委員会編『木坂海神神社弥勒堂跡』峰町教育委員会, 1993年
宮田登他編『海と列島文化 3　玄界灘の島々』小学館, 1990年
宮本一夫編『対馬吉田遺跡』九州大学大学院人文科学研究院考古学研究室, 2004年
宮本常一『忘れられた日本人』岩波書店, 1984年
村井章介校注『老松堂日本行録』岩波書店, 1987年
村井章介『アジアのなかの中世日本』校倉書房, 1988年
村井章介『中世倭人伝』岩波書店, 1993年
村井章介『日本史リブレット28　境界をまたぐ人びと』山川出版社, 2006年
森克己「中世末・近世初頭における対馬宗氏の朝鮮貿易」『九州文化史研究所紀要』1, 1951年
米谷均「16世紀日朝関係における偽使派遣の構造と実態」『歴史学研究』697, 1997年
早稲田大学水稲文化研究所編『海のクロスロード対馬』雄山閣, 2007年

高橋公明「十六世紀の朝鮮・対馬・東アジア海域」加藤榮一・北島万次・深谷克己編『幕藩制国家と異域・異国』校倉書房, 1989年
竹内理三「対馬の古文書—慶長以前の御判物—」『九州文化史研究所紀要』1, 1951年
田代和生・米谷均「宗家旧蔵『図書』と木印」『朝鮮学報』156, 1995年
田中健夫『中世海外交渉史の研究』東京大学出版会, 1959年
田中健夫『対外関係と文化交流』思文閣出版, 1982年
田中健夫訳注『海東諸国紀』岩波書店, 1991年
田村洋幸『中世日朝貿易の研究』三和書房, 1967年
豊玉町教育委員会編『豊玉町の古文書(中世文書)』豊玉町教育委員会, 1995年
長崎県教育委員会編『長崎県と朝鮮半島』長崎県教育委員会, 1992年
長崎県教育委員会編『大陸渡来文物緊急調査報告書』長崎県教育委員会, 1992年
長崎県教育委員会編『観城跡』長崎県教育委員会, 1997年
長崎県教育委員会編『今屋敷家老屋敷跡』長崎県教育委員会, 2004年
長崎県考古学会編『長崎県の考古学—中・近世研究特集—』長崎県考古学会, 1994年
長崎県史編纂委員会編『長崎県史　史料編　第一』吉川弘文館, 1963年
長崎県対馬支庁編『つしま百科』長崎県対馬支庁, 2005年
長崎県立対馬歴史民俗資料館編『対馬と韓国との文化交流史展』長崎県立対馬歴史民俗資料館, 1997年
永留久恵『対馬の文化財—古代の遺産—』杉屋書店, 1978年
永留久恵『対馬歴史観光』杉屋書店, 1994年
中村質編『鎖国と国際関係』吉川弘文館, 1997年
中村栄孝『日鮮関係史の研究　上・中・下』吉川弘文館, 1965 ～ 69年
中村栄孝『日本と朝鮮』至文堂, 1966年
西日本文化協会編『対馬の美術』西日本文化協会, 1978年
西村圭子「対馬宗氏の『諸家引着』覚書」『日本女子大学文学部紀要』34, 1984年
橋本雄『中世日本の国際関係—東アジア通交圏と偽使問題—』吉川弘文館, 2005年
松尾弘毅「朝鮮前期における向化倭人」『史淵』144, 2007年
美津島町教育委員会編『水崎遺跡』美津島町教育委員会, 1999年

## ●──参考文献


秋道智彌編『海人の世界』同文舘出版, 1998年

荒木和憲『中世対馬宗氏領国と朝鮮』山川出版社, 2007年

厳原町教育委員会編『金石城』厳原町教育委員会, 1985年

伊藤幸司『中世日本の外交と禅宗』吉川弘文館, 2002年

岩城卓二・小島道裕「対馬番家(小宮家)文書」『国立歴史民俗博物館研究報告』39, 1992年

長節子『中世日朝関係と対馬』吉川弘文館, 1987年

長節子『中世国境海域の倭と朝鮮』吉川弘文館, 2002年

長節子「朝鮮前期朝日関係の虚像と実像―世祖王代瑞祥祝賀使を中心として―」『年報朝鮮学』8, 2002年

長正統「『朝鮮送使国次之書契覚』の史料的性格」『朝鮮学報』33, 1964年

上県町教育委員会編『大石原遺跡』上県町教育委員会, 1996年

上対馬町誌編纂委員会編『上対馬町誌』上対馬町, 1985年

上対馬町誌編纂委員会編『上対馬町誌　史料編』上対馬町, 2004年

川添昭二『対外関係の史的展開』文献出版, 1996年

九州史学研究会編『九州史学―特集　前近代の日朝関係史料と地域交流―』132, 2002年

黒田省三「中世対馬の知行形態と朝鮮貿易権」『国士舘大学人文学会紀要』3, 1971年

国立歴史民俗博物館編『東アジア中世海道』国立歴史民俗博物館, 2005年

佐伯弘次「中世後期における大浦宗氏の朝鮮通交」『歴史評論』417, 1985年

佐伯弘次「古代・中世の壱岐・対馬」『歴史と地理』490, 1996年

佐伯弘次編『宗家文庫資料の総合的研究』九州大学, 2001年

佐伯弘次「国内外流通の拠点としての対馬」『中世都市研究』10, 新人物往来社, 2004年

佐伯弘次編『街道の日本史49　壱岐・対馬と松浦半島』吉川弘文館, 2006年

新対馬島誌編集委員会編『新対馬島誌』新対馬島誌編集委員会, 1964年

関周一『中世日朝海域史の研究』吉川弘文館, 2002年

瀬野精一郎・新川登亀男・佐伯弘次・五野井隆史・小宮木代良『長崎県の歴史』山川出版社, 1998年

日本史リブレット77
対馬《つしま》と海峡《かいきょう》の中世史《ちゅうせいし》
2008年4月30日　1版1刷　発行
2020年9月5日　1版5刷　発行
著者：佐伯弘次《さえきこうじ》
発行者：野澤伸平
発行所：株式会社 山川出版社
〒101－0047　東京都千代田区内神田1－13－13
電話 03(3293)8131(営業)
03(3293)8135(編集)
https://www.yamakawa.co.jp/
振替 00120-9-43993
印刷所：明和印刷株式会社
製本所：株式会社 ブロケード
装幀：菊地信義

Printed in Japan ISBN 978-4-634-54689-9

## 日本史リブレット　第Ⅰ期［68巻］・第Ⅱ期［33巻］　全101巻

1 旧石器時代の社会と文化
2 縄文の豊かさと限界
3 弥生の村
4 古墳とその時代
5 大王と地方豪族
6 藤原京の形成
7 古代都市平城京の世界
8 古代の地方官衙と社会
9 漢字文化の成り立ちと展開
10 平安京の暮らしと行政
11 蝦夷の地と古代国家
12 受領と地方社会
13 出雲国風土記と古代遺跡
14 東アジア世界と古代の日本
15 地下から出土した文字
16 古代・中世の女性と仏教
17 古代寺院の成立と展開
18 都市平泉の遺産
19 中世に国家はあったか
20 中世の家と性
21 武家の古都、鎌倉
22 中世の天皇観
23 環境歴史学とはなにか
24 武士と荘園支配
25 中世のみちと都市
26 戦国時代、村と町のかたち
27 破産者たちの中世
28 境界をまたぐ人びと
29 石造物が語る中世職能集団
30 中世の日記の世界
31 板碑と石塔の祈り
32 中世の神と仏
33 中世社会と現代
34 秀吉の朝鮮侵略
35 町屋と町並み
36 江戸幕府と朝廷
37 キリシタン禁制と民衆の宗教
38 慶安の触書は出されたか
39 近世村人のライフサイクル
40 都市大坂と非人
41 対馬からみた日朝関係
42 琉球の王権とグスク
43 琉球と日本・中国
44 描かれた近世都市
45 武家奉公人と労働社会
46 天文方と陰陽道
47 海の道、川の道
48 近世の三大改革
49 八州廻りと博徒
50 アイヌ民族の軌跡
51 錦絵を読む
52 草山の語る近世
53 21世紀の「江戸」
54 近代歌謡の軌跡
55 日本近代漫画の誕生
56 海を渡った日本人
57 近代日本とアイヌ社会
58 スポーツと政治
59 近代化の旗手、鉄道
60 情報化と国家・企業
61 民衆宗教と国家神道
62 日本社会保険の成立
63 歴史としての環境問題
64 近代日本の海外学術調査
65 戦争と知識人
66 現代日本と沖縄
67 新安保体制下の日米関係
68 戦後補償から考える日本とアジア
69 遺跡からみた古代の駅家
70 古代の日本と加耶
71 飛鳥の宮と寺
72 古代東国の石碑
73 律令制とはなにか
74 正倉院宝物の世界
75 日宋貿易と「硫黄の道」
76 荘園絵図が語る古代・中世
77 対馬と海峡の中世史
78 中世の書物と学問
79 史料としての猫絵
80 寺社と芸能の中世
81 一揆の世界と法
82 戦国時代の天皇
83 日本史のなかの戦国時代
84 兵と農の分離
85 江戸時代のお触れ
86 江戸時代の神社
87 大名屋敷と江戸遺跡
88 近世商人と市場
89 近世鉱山をささえた人びと
90 「資源繁殖の時代」と日本の漁業
91 江戸の浄瑠璃文化
92 江戸時代の老いと看取り
93 近世の淀川治水
94 日本民俗学の開拓者たち
95 軍用地と都市・民衆
96 感染症の近代史
97 陵墓と文化財の近代
98 徳富蘇峰と大日本言論報国会
99 労働力動員と強制連行
100 科学技術政策
101 占領・復興期の日米関係